착! 붙는 일본어 회화

저자 **김여진**

시사일본어사

회화 공부를 아무리 열심히 해도 막상 실전에서는 선뜻 입이 떨어지지 않고 망설여지게 되는 순간이 있습니다. '틀리면 어떡하지?'라는 생각 때문에 문장을 머릿속에서 고치다 보면, 결국 아무 말도 하지 못하고 대화의 기회를 놓치게 됩니다. 그러나 회화는 준비가 끝난 뒤에 시작되는 것이 아니라, 말을 꺼내는 순간부터 시작됩니다.

일본어 회화를 재미있게 공부하는 가장 확실한 방법은, 일단 자신 있게 입 밖으로 뱉는 것부터 시작하는 것입니다. 실제로 말해 보지 않으면, 아무리 어휘를 많이 익혀도 회화 실력은 늘지 않습니다. 다만, 그렇다고 해서 아무렇게나 말해도 된다는 뜻은 아닙니다. 특히 일본어에서는 조사 하나로 의미와 뉘앙스가 크게 달라집니다. 단어를 조금 틀리는 것보다 조사가 흔들릴 때 더 어색하게 들리는 경우도 많습니다. 회화를 능숙하게 하려면 자신 있게 말하려는 태도와 함께, 문장의 뼈대를 정확히 잡는 감각이 필요합니다.

이 책에서 다루는 표현들은 길거나 복잡하지 않습니다. 대신 실제 대화 속에서 바로 꺼내 쓸 수 있는 활용도 높은 문장들로 구성했습니다. 짧은 문장이지만, 구조만큼은 확실하게 익힐 수 있도록 설계했습니다. 완벽한 문장을 만드는 연습을 하기보다 상황별로 즉시 활용 가능한 표현을 패턴식으로 익힐 수 있습니다.

회화 공부는 '속도'보다 '지속'이 더 중요합니다. 매일 공부하지 못해도 괜찮고, 중간에 잠시 멈추는 날이 있어도 괜찮습니다. 중요한 것은 포기하지 않고, 필요할 때 다시 말을 찾아보는 습관입니다. 책을 처음부터 끝까지 한번에 읽을 필요 없습니다. 말이 막히는 순간, 어떤 표현을 써야 할지 망설여지는 순간에 다시 돌아와 책을 펼쳐 보는 것으로 충분합니다. 부담 없이 시작하고, 필요한 만큼 사용하며, 조금씩 말하는 감각을 쌓아 가시길 바랍니다. 회화는 끝내야 할 과제가 아니라, 생활 속에서 계속 이어지는 감각입니다.

이 책이 그 감각을 이어가는 데 작은 도움이 되기를 바랍니다.

저자 김여진

STEP 1

주제별로 표현 확인하기

- 총 15가지의 주제로 구성되어 있습니다.
- 도입부 삽화를 보며 학습 내용을 유추할 수 있습니다.
- 이 과에서 학습할 문형을 한눈에 확인할 수 있습니다.
- QR코드를 통해 효과적인 학습이 가능합니다.

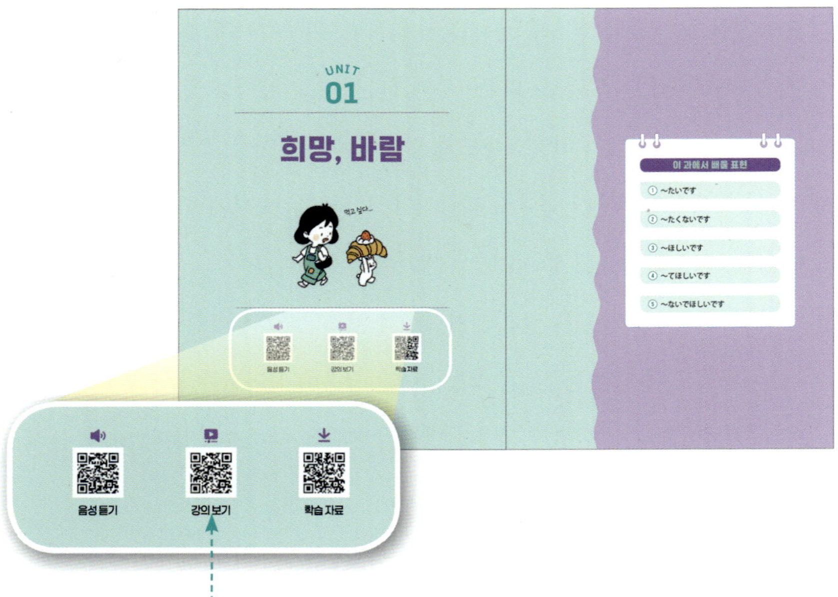

음성 듣기
원어민 음성을 들으며 발음과 듣기 연습을 해 보세요.

강의 보기
무료 해설 강의를 보며 쉽고 재미있게 학습해 보세요.

학습 자료
추가 자료를 다운로드 받아 실력을 체크해 보세요.

STEP 2

**패턴으로
표현 익히기**

- 원어민이 자주 쓰는 필수 문형 표현만 엄선했습니다.
- 간단한 문법 설명과 함께 주의해야 할 내용이 수록되어 있습니다.
- 품사별, 동사 그룹별로 예문이 골고루 제시되어 있습니다.
- 짧은 대화문을 통해 실제로 어떻게 쓰이는지 확인할 수 있습니다.
- 주요 단어의 뜻을 바로바로 확인할 수 있습니다.

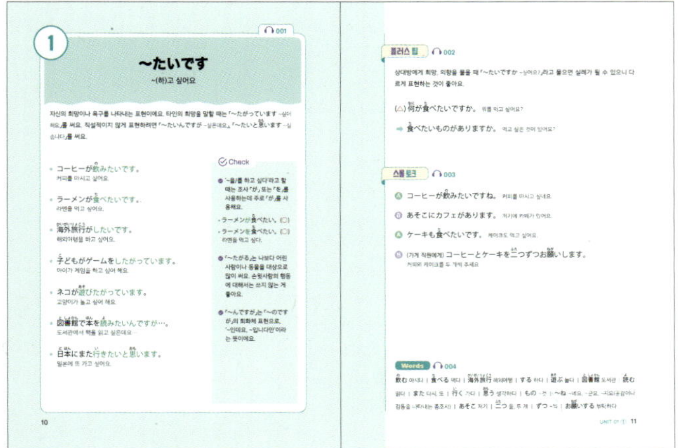

STEP 3

**대화문으로
활용해 보기**

- 실생활에서 흔히 접할 수 있는 상황을 대화문으로 제시했습니다.
- 원어민의 자연스러운 소통 방식을 배울 수 있습니다.
- 한국어 해석을 바로 확인할 수 있습니다.
- 빈칸 채우기를 통해 학습한 내용을 확실히 익힐 수 있습니다.

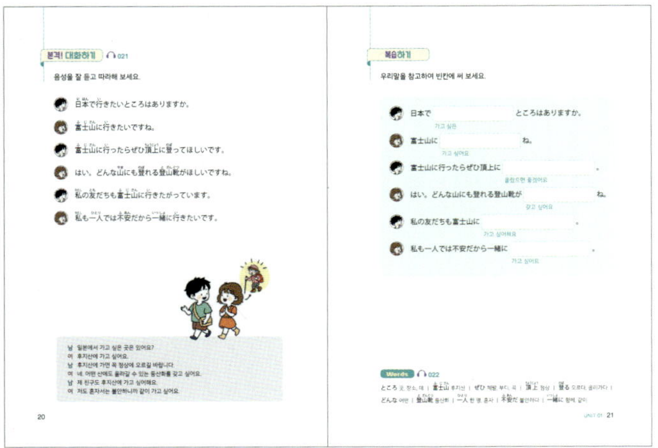

목차

머리말　3

이 책의 구성 및 특징　4

UNIT 01 희망, 바람 ···················· 8

UNIT 02 요청, 명령 ···················· 22

UNIT 03 권유, 제안 ···················· 34

UNIT 04 허가, 금지 ···················· 44

UNIT 05 비교, 대비 ···················· 54

UNIT 06 의무, 필요 ···················· 64

UNIT 07 조언, 충고 ···················· 74

UNIT 08 의지, 결정 ……………………………… 86

UNIT 09 의견, 생각 ……………………………… 100

UNIT 10 추측, 예상 ……………………………… 110

UNIT 11 후회, 회고 ……………………………… 126

UNIT 12 가능, 불가능 ……………………………… 138

UNIT 13 변화, 추이 ……………………………… 148

UNIT 14 상태, 모습 ……………………………… 160

UNIT 15 행동, 시도 ……………………………… 172

부록 문법 요약　182

희망, 바람

음성 듣기

강의 보기

학습 자료

① ～たいです

② ～たくないです

③ ～ほしいです

④ ～てほしいです

⑤ ～ないでほしいです

1

〜たいです

~(하)고 싶어요

자신의 희망이나 욕구를 나타내는 표현이에요. 타인의 희망을 말할 때는 「〜たがっています ~싶어해요」를 써요. 직설적이지 않게 표현하려면 「〜たいんですが ~싶은데요」, 「〜たいと思います ~싶습니다」를 써요.

- コーヒーが飲みたいです。
  커피를 마시고 싶어요.

- ラーメンが食べたいです。
  라멘을 먹고 싶어요.

- 海外旅行がしたいです。
  해외여행을 하고 싶어요.

- 子どもがゲームをしたがっています。
  아이가 게임을 하고 싶어 해요.

- ネコが遊びたがっています。
  고양이가 놀고 싶어 해요.

- 図書館で本を読みたいんですが…。
  도서관에서 책을 읽고 싶은데요….

- 日本にまた行きたいと思います。
  일본에 또 가고 싶어요.

✓ Check

- '~을/를 하고 싶다'라고 할 때는 조사 「が」 또는 「を」를 사용하는데 주로 「が」를 사용해요.
  - ラーメンが食べたい。(○)
  - ラーメンを食べたい。(○)
    라멘을 먹고 싶다.

- 「〜たがる」는 나보다 어린 사람이나 동물을 대상으로 많이 써요. 손윗사람의 행동에 대해서는 쓰지 않는 게 좋아요.

- 「〜んですが」는 「〜のですが」의 회화체 표현으로, '~인데요, ~입니다만'이라는 뜻이에요.

상대방에게 희망, 의향을 물을 때 「~たいですか ~싶어요?」라고 물으면 실례가 될 수 있으니 다르게 표현하는 것이 좋아요.

(△) 何が食べたいですか。 뭐를 먹고 싶어요?

➡ 食べたいものがありますか。 먹고 싶은 것이 있어요?

스몰 토크   🎧 003

Ⓐ コーヒーが飲みたいですね。 커피를 마시고 싶네요.

Ⓑ あそこにカフェがあります。 저기에 카페가 있어요.

Ⓐ ケーキも食べたいです。 케이크도 먹고 싶어요.

Ⓑ (가게 직원에게) コーヒーとケーキを二つずつお願いします。
커피와 케이크를 두 개씩 주세요.

Words   🎧 004

飲む 마시다 ｜ 食べる 먹다 ｜ 海外旅行 해외여행 ｜ する 하다 ｜ 遊ぶ 놀다 ｜ 図書館 도서관 ｜ 読む 읽다 ｜ また 다시, 또 ｜ 行く 가다 ｜ 思う 생각하다 ｜ もの ~것 ｜ ~ね ~네요, ~군요, ~지요(공감이나 감동을 나타내는 종조사) ｜ あそこ 저기 ｜ 二つ 둘, 두 개 ｜ ずつ ~씩 ｜ お願いする 부탁하다

2

～たくないです

～(하)고 싶지 않아요

무엇인가 하고 싶지 않을 때는 「～たくないです」라고 하고 좀 더 정중하게 말하려면 「～たくありません」을 써요.

- あの人には会いたくないです。
  그 사람과는 만나고 싶지 않아요.

- 寒くてまだ起きたくないです。
  추워서 아직 일어나고 싶지 않아요.

- もう歩きたくないんですが。
  더 이상 걷고 싶지 않은데요.

- 漢字は書きたくないんですが。
  한자는 쓰고 싶지 않은데요.

- コーヒーは飲みたくありません。
  커피는 마시고 싶지 않습니다.

- 今日は勉強したくありません。
  오늘은 공부하고 싶지 않습니다.

✅ Check

- 「あの人」는 '저 사람'이라는 뜻이지만, 나와 상대방이 모두 알고 있는 사람일 경우 「あの」는 '그'라는 뜻으로 쓰여요.

• あの映画見た？
  그 영화 봤어?

- 「～たくないんですが」라고 하면 조금 부드러운 느낌이 들어요.

「〜たくない ~(하)고 싶지 않다」는 거부나 거절의 마음을 직설적으로 전달하는 표현이기 때문에 상대방에게 불쾌감을 느끼게 할 수 있어요. 그럴 때는 말끝에 「ちょっと…。좀, 조금….」를 넣어서 완곡하게 표현해 보세요.

(△) 二次会は行きたくないです。 2차는 가고 싶지 않아요.

➡ 二次会はちょっと…。 2차는 좀….

Ⓐ この映画を見ませんか。 이 영화를 보지 않을래요?

Ⓑ 怖い映画は見たくないです。 무서운 영화는 보고 싶지 않아요.

Ⓐ じゃ、ショッピングでもしましょうか。 그럼 쇼핑이라도 할까요?

Ⓑ 今日は疲れてちょっと…。 오늘은 피곤해서 좀….

会う 만나다 ｜ 寒い 춥다 ｜ まだ 아직 ｜ 起きる 일어나다, 발생하다 ｜ もう 이제, 벌써 ｜ 歩く 걷다 ｜ 書く 쓰다, 적다 ｜ 今日 오늘 ｜ 勉強する 공부하다 ｜ 二次会 (회식) 2차 ｜ ちょっと 좀, 잠깐 ｜ 怖い 무섭다 ｜ 見る 보다 ｜ でも ~라도 ｜ 〜ましょうか ~할까요 ｜ 疲れる 피곤하다, 지치다

③ ほしいです

갖고 싶어요, 필요해요

무엇인가 갖고 싶거나 원할 때 쓰는 표현이에요. 물건 외에도 추상적 개념이나 사람, 동물 등도 대상이 될 수 있어요. 타인의 희망을 말할 때는 「ほしがっています 갖고 싶어 해요」를 써요. '~을/를 갖고 싶다'라고 할 때, 조사 「を」가 아니라 「が」를 쓴다는 점도 기억해 두세요.

- 新しいパソコンがほしいです。
  새로운 노트북을 갖고 싶어요.

- かわいいペットがほしいです。
  귀여운 반려동물을 갖고 싶어요.

- もっと時間がほしいです。
  좀 더 시간이 필요해요.

- 息子はスマホをほしがっています。
  아들은 스마트폰을 갖고 싶어 해요.

- あの社員はチャンスをほしがっています。
  저 사원은 기회를 갖고 싶어 해요.

- あのくつがほしいんですが。
  저 신발을 갖고 싶은데요.

- 休みがほしいと思います。
  휴가를 받고 싶어요.

✓ Check

- 사람을 대상으로 쓰면, '~가 있었으면 좋겠다'는 의미로 해석할 수 있어요.

- 友だちがほしいです。
  친구가 필요해요.
  친구가 있었으면 좋겠어요.

「ほしい 갖고 싶다」도 자신의 요구를 노골적으로 말하는 표현이기 때문에 실제 회화에서는 돌려서 말하는 경우가 많아요. 「あれば 있으면」에서 「〜ば ~면」는 가정·조건을 나타내는 표현이에요. 품사별 활용법은 부록 187p에 나와 있으니 참고하시고, 여기서는 우선 단어로서 기억해 두세요.

(△) 自転車がほしいです。　자전거를 갖고 싶어요.

➡ 自転車があればいいです。　자전거가 있으면 좋겠어요.

Ⓐ 日本に行ってきます。　일본에 다녀올게요.

何かほしいものはありますか。　뭔가 갖고 싶은 건 있어요?

Ⓑ 北海道のチョコレートがほしいです。　홋카이도의 초콜릿을 원해요.

Ⓐ ホワイトですか。ブラックですか。　화이트요? 블랙이요?

Ⓑ 今度はブラックが食べたいです。　이번에는 블랙을 먹고 싶어요.

新しい 새롭다, 새로운 ｜ かわいい 귀엽다, 귀여운 ｜ もっと 더, 좀 더 ｜ 休み 휴가, 휴무, 휴일 ｜ あれば 있으면 ｜ 行ってくる 다녀오다 ｜ 何か 뭔가 ｜ 今度 이번, 이다음

4

～てほしいです

~(해) 주면 좋겠어요

「～てほしい ~(해) 주면 좋겠다, ~(하)길 바란다」는 상대방이나 제3자에게 요구나 희망 등 바라는 것이 있을 때 쓰는 표현이에요.

- 誕生日にはスニーカーを買ってほしいです。
  생일에는 운동화를 사 줬으면 좋겠어요.

- 私の言うことを聞いてほしいです。
  내가 하는 말을 들어 줬으면 해요.

- 駅に行く道を教えてほしいんですが。
  역으로 가는 길을 가르쳐 주셨으면 하는데요.

- 友だちを紹介してほしいんですが。
  친구를 소개해 주었으면 하는데요.

- 早く暖かくなってほしいと思います。
  빨리 따뜻해졌으면 좋겠습니다.

- 私の気持ちを分かってほしいと思います。
  제 마음을 이해해 주었으면 합니다.

- 사람을 대상으로 하지 않고 어떤 일이나 상황이 일어나길 바랄 경우에도 써요.
- 早く夏休みが始まってほしい。 빨리 여름 방학이 시작되면 좋겠어.

「〜てほしい ~(해) 주면 좋겠다」도 노골적으로 요구하는 표현이에요. 완곡하게 돌려 말하는 표현도 함께 기억해 두세요.

(△) 遊びに来てほしいです。　놀러 와 주면 좋겠어요.

➡ 遊びに来てくれれば嬉しいです。　놀러 와 주면 기쁘겠어요.
　*「동사 ます형 + に」는 '~(하)러'라는 뜻이에요.

Ⓐ あの、これ、きれいに包んでほしいんですが。
저, 이거 예쁘게 포장해 주셨으면 하는데요.

Ⓑ はい。プレゼントですね。　네. 선물이시군요.

Ⓐ リボンもつけてほしいです。　리본도 달아 주시면 좋겠어요.

Ⓑ はい。しばらくお待ちください。*　네. 잠시만 기다려 주세요.
　*「お/ご + 동사 ます형 + ください」는 존경 표현이에요.

買う 사다 | 言う 말하다 | こと ~것 | 聞く 듣다, 묻다 | 教える 가르치다, 알려 주다 | 紹介する 소개하다 | 早く 빨리 | 暖かい 따뜻하다 | 気持ち 마음, 기분 | 分かる 알다, 이해하다 | 遊びに 놀러 | 〜てくれれば ~(해) 주면 | 嬉しい 기쁘다 | きれいだ 예쁘다, 깨끗하다 | 包む 싸다, 포장하다 | できれば 가능하면 | つける 붙이다, 달다 | しばらく 잠시 | 待つ 기다리다

5

～ないでほしいです

~(하)지 않았으면 좋겠어요

「～ないでほしい」는 「～てほしい ~(해) 주면 좋겠다, ~(하)길 바란다」의 부정 표현이에요.

- 10時を過ぎて電話しないでほしいです。
  10시 넘어서 전화하지 말아 주었으면 해요.

- その言葉を忘れないでほしいです。
  그 말을 잊지 말아 주었으면 해요.

- この部屋には入らないでほしいんですが。
  이 방에는 들어오지 말아 주었으면 하는데요.

- 誰にも言わないでほしいんですが。
  아무에게도 말하지 말아 주었으면 하는데요.

- 仕事を辞めないでほしいと思います。
  일을 그만두지 말았으면 합니다.

- 今度は遅れないでほしいと思います。
  다음에는 늦지 말았으면 합니다.

✅ Check

- '일자리를 그만두다, 사직하다'라고 할 때는 「辞(や)める」, 그 외에 어떤 것을 '그만두다, 중지하다, 끊다'라고 할 때는 「止(や)める」를 써요.

- お酒とタバコを止めた。
  술과 담배를 끊었다.

유사한 표현으로 「〜てほしくない ~(하)지 않았으면 좋겠다, ~(하)지 않기를 바라다」가 있는데, 상대에 대한 희망이나 요망을 부드럽게 전하는 느낌이 있어요.

- 無理をしてほしくないです。　무리를 하지 않았으면 좋겠어요.

- 二人でいる時にスマホは見てほしくないです。
  둘이서 있을 때에 스마트폰은 보지 않았으면 좋겠어요.

스몰 토크　🎧019

Ⓐ 危ないから急がないでほしいです。　위험하니까 서두르지 않았으면 해요.

Ⓑ でも、遅刻したら困りますから。　그래도 지각하면 곤란하니까요.

Ⓐ それでも安全が一番です。　그래도 안전이 제일이에요.

Ⓑ 大丈夫。 心配しないでほしいです。　괜찮아요. 걱정하지 않았으면 해요.

Words　🎧020

過ぎる 지나다 ｜ 電話する 전화하다 ｜ 言葉 말, 언어 ｜ 忘れる 잊다 ｜ 部屋 방 ｜ 入る 들어가다, 들어오다 ｜ 誰にも 누구에게도, 아무에게도 ｜ 遅れる 늦다 ｜ 仕事 일, 업무 ｜ 辞める (일을) 그만두다 ｜ 無理 무리 ｜ 危ない 위험하다 ｜ 急ぐ 서두르다 ｜ 遅刻する 지각하다 ｜ 困る 곤란하다 ｜ 一番 가장, 제일 ｜ 大丈夫だ 괜찮다 ｜ 心配する 걱정하다

음성을 잘 듣고 따라해 보세요.

日本で行きたいところはありますか。

富士山に行きたいですね。

富士山に行ったらぜひ頂上に登ってほしいです。

はい。どんな山にも登れる登山靴がほしいですね。

私の友だちも富士山に行きたがっています。

私も一人では不安だから一緒に行きたいです。

남　일본에서 가고 싶은 곳은 있어요?
여　후지산에 가고 싶어요.
남　후지산에 가면 꼭 정상에 오르길 바랍니다.
여　네. 어떤 산에도 올라갈 수 있는 등산화를 갖고 싶어요.
남　제 친구도 후지산에 가고 싶어 해요.
여　저도 혼자서는 불안하니까 같이 가고 싶어요.

우리말을 참고하여 빈칸에 써 보세요.

日本で ＿＿＿＿＿＿＿＿ ところはありますか。
가고 싶은

富士山に ＿＿＿＿＿＿＿＿ ね。
가고 싶어요

富士山に行ったらぜひ頂上に ＿＿＿＿＿＿＿＿ 。
오르길 바랍니다

はい。どんな山にも登れる登山靴が ＿＿＿＿＿＿＿＿ ね。
갖고 싶어요

私の友だちも富士山に ＿＿＿＿＿＿＿＿ 。
가고 싶어 해요

私も一人では不安だから一緒に ＿＿＿＿＿＿＿＿ 。
가고 싶어요

Words 🎧 022

ところ 곳, 장소, 데 ｜ 富士山 후지산 ｜ ぜひ 제발, 부디, 꼭 ｜ 頂上 정상 ｜ 登る 오르다, 올라가다 ｜
どんな 어떤 ｜ 登山靴 등산화 ｜ 一人 한 명, 혼자 ｜ 不安だ 불안하다 ｜ 一緒に 함께, 같이

요청, 명령

음성 듣기

강의 보기

학습 자료

이 과에서 배울 표현

① ～てください

② ～ないでください

③ ～てもらえますか

④ 동사 명령형 / ～なさい / ～て / ～な

1

〜てください

〜(하)세요, 〜(해) 주세요

상대방에게 무엇인가 부탁하거나 가볍게 지시할 때, 또는 권유할 때 쓰는 표현이에요.

- ここで少し待ってください。
  여기서 잠시 기다려 주세요.

- もう少しゆっくり言ってください。
  조금만 천천히 말해 주세요.

- 10時までに来てください。
  10시까지 와 주세요.

- 今日はゆっくり休んでください。
  오늘은 푹 쉬세요.

- 後で電話してください。
  이따 전화해 주세요.

- ちょっと見せてください。
  좀 보여 주세요.

✅ Check

- 친구나 손아랫사람과 반말로 대화할 때는「ください」를 생략해요.

- ここで待って。
  여기서 기다려.

「〜てください ~(해) 주세요」는 일방적으로 지시하는 느낌이 있어서 부드럽고 공손한 느낌을 주려면 「〜てくださいますか ~(해) 주시겠습니까?」, 「〜てくださいませんか ~(해) 주시지 않겠습니까?」를 써요.

- 後で電話してくださいますか。　이따 전화해 주시겠습니까?

- ちょっと見せてくださいませんか。　좀 보여 주시지 않겠습니까?

스몰 토크   🎧 025

Ⓐ あそこの書類に書いてください。　저기 서류에 써 주세요.

Ⓑ こちらに出せばいいですか。　여기에 내면 되나요?

Ⓐ 3番の窓口に出してください。　3번 창구에 내 주세요.

Ⓑ 分かりました。　알겠습니다.

Words   🎧 026

ここ 여기 ｜ 少し 조금, 약간 ｜ ゆっくり 천천히, 느긋하게, 푹 ｜ 来る 오다 ｜ 休む 쉬다 ｜ 後で 이따, 나중에 ｜ 見せる (남에게) 보이다 ｜ あそこ 저기 ｜ こちら 이쪽, 여기 ｜ 出す 내다, 제출하다 ｜ ～番 ~번 ｜ 窓口 창구

2

〜ないでください

~(하)지 마세요, ~(하)지 말아 주세요

상대방에게 무엇인가를 하지 않도록 부탁하거나 금지할 때 쓰는 표현이에요.

- ここにゴミを捨てないでください。
  이곳에 쓰레기를 버리지 마세요.

- 赤信号で渡らないでください。
  빨간불에 건너가지 마세요.

- 写真を撮る時は動かないでください。
  사진을 찍을 때는 움직이지 마세요.

- これからは遅刻しないでください。
  앞으로는 지각하지 마세요.

- ここでタバコを吸わないでください。
  여기서 담배를 피우지 마세요.

- 授業中はスマホを見ないでください。
  수업 중에는 스마트폰을 보지 마세요.

✓ Check

- 친구나 손아랫사람과 반말로 대화할 때는「ください」를 생략해요.

- ごみを捨てないで。
  쓰레기를 버리지 마.

「~ないでください ~(하)지 마세요」보다 강한 금지 표현으로 「~てはいけません ~(해)서는 안 됩니다」이 있어요.

- ここでタバコを吸ってはいけません。　여기서 담배를 피워서는 안 됩니다.

- 授業中にスマホを見てはいけません。　수업 중에 스마트폰을 봐서는 안 됩니다.

スモール 토크   🎧 029

Ⓐ 窓を開けてもいいですか。　창문을 열어도 돼요?

Ⓑ 虫が入るから窓は開けないでください。　벌레가 들어오니까 창문은 열지 마세요.

Ⓐ じゃ、外に行きましょうか。　그럼, 밖에 나갈까요?

Ⓑ 暑いから外には行かないでください。エアコンをつけましょう。
날씨가 더우니까 밖에 나가지 마세요. 에어컨을 켭시다.

Words   🎧 030

捨てる 버리다 | 渡る 건너다 | 撮る (사진을) 찍다, 촬영하다 | 動く 움직이다 | 遅刻する 지각하다 | 吸う 들이마시다 | ~てはいけない ~해서는 안 된다 | 開ける 열다 | 暑い 덥다 | つける 켜다, (불을) 붙이다

3

～てもらえますか

~(해) 줄래요?, ~(해) 주실래요?

상대방에게 어떤 행위를 부탁할 때 쓰는 표현이에요. 좀 더 정중한 표현으로 「～てもらえませんか ~(해) 주시지 않을래요?」와 「～てもらえないでしょうか ~(해) 주실 수 없나요?」가 있어요.

- ここに電話番号を書いてもらえますか。
  여기에 전화번호를 써 주실래요?

- タクシーを呼んでもらえますか。
  택시를 불러 주실래요?

- その本を見せてもらえませんか。
  그 책을 보여 주실 수 없나요?

- 彼に会ってもらえませんか。
  그를 만나 주실 수 없나요?

- 事故について説明してもらえないでしょうか。
  사고에 대해 설명해 주실 수 없나요?

- 明日は1時までに来てもらえないでしょうか。
  내일은 1시까지 와 주실 수 없나요?

✅ Check

- ✔ '택시를 부르다'라고 할 때는 「呼(よ)ぶ 부르다」를 쓰고, '택시를 잡다'라고 할 때는 「拾(ひろ)う 줍다」, 「捕(つか)まえる 잡다」와 같은 표현을 써요.

- タクシーを拾って帰ろう。
  택시를 잡아서 돌아가자.

- タクシーを捕まえましょう。
  택시를 잡읍시다.

- ✔ '~을/를 만나다'라고 할 때는 「～に会(あ)う」를 써요. 조사에 주의하세요.

「〜てもらえますか ~(해) 주실래요?」, 「〜てもらえませんか ~(해) 주시지 않을래요?」, 「〜てもらえないでしょうか ~(해) 주실 수 없나요?」 모두 「〜てください ~(해) 주세요」와 의미가 같지만, 정중함의 정도가 달라요. 오른쪽으로 갈수록 정중한 표현이에요.

- 〜てもらえますか ＜ 〜てもらえませんか ＜ 〜てもらえないでしょうか

Ⓐ これ、クリーニングをしてもらえませんか。　이거 세탁해 주시겠어요?

Ⓑ はい。水曜日に取りに来てもらえますか。　네. 수요일에 가지러 와 주시겠어요?

Ⓐ 水曜日は夜になりますけど。　수요일이라면 밤이 될 것 같은데요.

Ⓑ 9時までに来てもらえないでしょうか。　9시까지 와 주실 수 없을까요?

Ⓐ 分かりました。　알겠습니다.

Words　🎧 034

〜について ~에 대해서 | 説明する 설명하다 | クリーニング 클리닝, 세탁 | 取る 가져오다, 집어오다

4

동사 명령형 / ～なさい / ～て / ～な

명령하는 표현에는 여러 가지가 있어요. 이 중에서 「～なさい ~해요, ~하시오, ~하렴」는 부모가 자식에게, 선생님이 학생에게 말하거나 시험의 지시문에서 많이 써요. 「～て ~해, ~해 줘」는 ①, ②의 Check에서 설명한 것과 같이 친구끼리 편하게 사용하는 표현이에요. 「～な ~하지 마라」는 무언가 금지시킬 때 쓰는 표현이에요.

- あそこに行け。 저기로 가.

- あそこに行きなさい。 저기로 가요.(가시오.)

- あそこに行って。 저기로 가.

- あそこに行くな。 저기로 가지 마.

- 全部話せ / 話しなさい / 話して / 話すな
  전부 말해 / 말해요 / 말해 / 말하지 마

- ベッドで寝ろ / 寝なさい / 寝て / 寝るな
  침대에서 자 / 자요 / 자 / 자지 마

- 明日中に来い / 来なさい / 来て / 来るな
  내일 중으로 와 / 와요 / 와 / 오지 마

- 挨拶しろ / 挨拶しなさい / 挨拶して /
  挨拶するな
  인사해 / 인사해요 / 인사해 / 인사하지 마

✓ Check

- 동사 명령형의 그룹별 활용 방법은 186p를 참고하세요.

- 「～なさい」는 동사 ます형에 연결해요.

- 「～な」는 동사 기본형에 연결하고, 주로 남성이 많이 쓰며, 여성은 「～ないで ~(하)지 마」를 많이 써요.

- 行かないで。 가지 마.

명령 투의 금지 표현은 아이나 허물없는 친구에게 한정적으로 사용하기 때문에 어른을 상대로는 쓰지 않는 것이 좋아요.

(아이에게) ● 片づけなさい！ 치워(정리해)!

(친구에게) ● あまり無理するな。 너무 무리하지 마.

스몰 토크 🎧 037

Ⓐ 子どもの誕生日だから早く帰って。 애 생일이니까 빨리 집에 와(요).

Ⓑ 7時には帰るよ。 7시에는 돌아올게.

Ⓐ 帰りにケーキを買ってきて。 오는 길에 케이크를 사다 줘(요).

Ⓑ OK! 오케이!

Words 🎧 038

全部 전부, 모두 ｜ 話す 말하다, 이야기하다 ｜ 寝る 자다 ｜ 挨拶する 인사하다 ｜ 片づける 정리하다, 치우다 ｜ 無理する 무리하다 ｜ 帰る 돌아가다, 돌아오다 ｜ 帰り 돌아오는 길, 귀갓길

음성을 잘 듣고 따라해 보세요.

(호텔에서)

 あの、空港バスが来るまでカバンを預かってもらえないでしょうか。

 はい。バスは何時でしょうか。

 3時のバスです。

 では、このカードにサインしてください。

後で、このカードを見せてくださいますか。

 分かりました。

 このカードは失くさないでください。

남　저, 공항버스가 올 때까지 가방을 맡아 주실 수 없나요?
여　네, 버스는 몇 시인가요?
남　3시 버스예요.
여　그럼 이 카드에 사인해 주세요. 나중에 이 카드를 보여 주시겠어요?
남　알겠습니다.
여　이 카드는 잃어버리지 마세요.

우리말을 참고하여 빈칸에 써 보세요.

あの、空港バスが来るまでカバンを __________。
맡아 주실 수 없나요?

はい。バスは何時でしょうか。

3時のバスです。

では、このカードに __________。
사인해 주세요

後で、このカードを __________。
보여 주시겠어요?

分かりました。

このカードは __________。
잃어버리지 마세요

Words 🎧 040

預(あず)かる 맡다, 보관하다, 담당하다 | 何時(なんじ) 몇 시 | サインする 사인하다 | 失(な)くす 잃어버리다, 분실하다

권유, 제안

음성 듣기   강의 보기   학습 자료

① ～ませんか

② ～ましょう / ～ましょうか

③ ～ますか

～ませんか

~(하)지 않을래요?

상대방에게 함께 할 것을 제안하거나 권유할 때 쓰는 표현이에요. 부정의 의문형인 「～ませんか ~(하)지 않을래요?」는 「～ますか ~(할)래요?」보다 말하는 사람이 한발 물러서서 묻는 형태이기 때문에 더 정중하게 들려요. 동사 ない형에 접속하여 「～ない? ~(하)지 않을래?」 하고 끝을 올려 발음하면 반말체로 묻는 표현이 돼요.

- 図書館で勉強しませんか。
  도서관에서 공부하지 않을래요?

- 土曜日に遊びに行きませんか。
  토요일에 놀러 가지 않을래요?

- 今日は映画でも見ませんか。
  오늘은 영화라도 보지 않을래요?

- あそこでコーヒーでも飲みませんか。
  저기서 커피라도 마시지 않을래요?

- ちょっと休まない？
  좀 쉬지 않을래?

- ここに車を止めない？
  여기에 차를 세우지 않을래?

✓ Check

- 「～ますか ~할래요?」는 40p를 참고하세요.

- 「～でも ～ませんか」처럼 「でも ~라도」를 함께 쓰면 '다른 선택도 할 수 있다'는 뉘앙스를 줄 수 있어 좀 더 부드럽게 들려요.

말하는 사람의 의도는 '~합시다'라는 권유이므로, 단순한 부정의 의문으로 해석해서 대답하지 않도록 주의하세요.

A 今日は映画でも見ませんか。　오늘은 영화라도 보지 않을래요?

B (✕) いいえ。映画を見ます。　아뇨. 영화를 봅니다(볼 겁니다).

(〇) いいですね。何を見ましょうか。　좋죠. 뭘 볼까요?

(〇) 今日はちょっと予定があって……。　오늘은 좀 일정이 있어서…….

스몰 토크 🎧 043

A 昼ご飯はカレーを食べませんか。　점심은 카레를 먹지 않을래요?

B すみません。辛いものは食べられなくて。　미안해요. 매운 것은 못 먹어서.

A じゃあ、そばにしませんか。　그럼 메밀국수로 하지 않을래요?

B いいですね。おいしい店を知っていますよ。　좋아요. 맛있는 집을 알아요.

Words 🎧 044

止める 세우다, 멈추다 | 予定 예정, 일정 | 辛い 맵다 | 食べられない 못 먹는다 | おいしい 맛있다 |
知る 알다

2

～ましょう / ～ましょうか

~(합)시다 / ~(할)까요?

「～ましょう」는 '~(합)시다, ~(하)시죠' 하고 권유 또는 제안할 때 써요. 「～ましょうか ~(할)까요?」는 상대방의 기분을 좀 더 배려하는 느낌이 드는 표현이에요.

- 遅いからタクシーを呼びましょう。
  늦었으니 택시를 부릅시다.

- 今日は私がご馳走しましょう。
  오늘은 제가 살게요(한턱낼게요).

- ここで待っていましょう。
  여기서 기다리고 있죠.

- これは私が持ちましょうか。
  이건 제가 들어 드릴까요?

- 店の人に聞きましょうか。
  가게 직원에게 물어볼까요?

- 駅までバスに乗りましょうか。
  역까지 버스를 탈까요?

✓ Check

- 「待(ま)つ 기다리다」와 「持(も)つ 들다」가 모양이 비슷하여 헷갈릴 수 있으니 주의하세요.

- 「～ましょうか」의 반말체인 「～ようか」 형태도 권유의 표현이에요. (청유형) 동사 청유형의 그룹별 활용 방법은 187p를 참고하세요.

- バスに乗ろうか。
  버스를 탈까?

「〜ましょう ~(합)시다」는 상대방을 격려할 때도 써요.

- 後5分で終わるから我慢しましょう。 앞으로 5분이면 끝나니까 참읍시다.

- これが最後だから何とか頑張りましょう。 이게 마지막이니까 어떻게든 힘냅시다.

스몰 토크   🎧 047

Ⓐ このカバンは私が持ちましょう。 이 가방은 제가 들게요.

Ⓑ すみません。* 감사합니다.

Ⓐ 空港までは私の車で行きましょうか。 공항까지 제 차로 갈까요?

Ⓑ ありがとうございます。助かります。 고맙습니다. 덕분에 편히 갈 수 있겠어요.

   * 여기서 「すみません」은 사과의 의미가 아니라 상대방의 호의에 감사함을 표현하는 인사말이
     에요.

Words   🎧 048

遅い 느리다, 늦다 | ご馳走する 대접하다, 한턱내다 | 持つ 들다, 가지다 | 〜に乗る ~을/를 타다(교통
수단) | 後 앞으로 | 終わる 끝나다 | 我慢する 참다, 견디다 | 最後 최후, 마지막 | 頑張る 힘내다,
분발하다 | 助かる 살아나다, 다행이다, 도움이 되다, 편해지다

3

〜ますか

~(할)까요?

「〜ますか」도 권유할 때 쓰지만, 「〜ませんか ~(하)지 않을래요?」, 「〜ましょうか ~(할)까요?」에 비해서는 정중함이 약간 덜한 느낌이 들어요.

- 今日はここまでにしますか。
  오늘은 여기까지 할까요?

- 明日の朝は早いからもう寝ますか。
  내일 아침은 일찍 일어나야 하니까 이제 잘까요?

- 席もないし、他の店に行きますか。
  자리도 없고 다른 가게에 갈까요?

- 時間がないので早めに出ますか。
  시간이 없으니까 일찌감치 출발할까요?

- もう1時だからお昼ご飯食べますか。
  벌써 한 시니까 점심 먹을까요?

- この映画、人気があるけど見ますか。
  이 영화, 인기가 있는데 볼래요?

✓ Check

- 「〜し、~고」는 이유를 열거할 때 쓰는 표현이에요. 예문에서는 한 가지 예만 들었지만 '이밖에도 다른 이유가 있다'는 뉘앙스가 있을 때 써요.

「〜ましょうか ~(할)까요?」의 반말체인 「〜ようか ~(할)까?」도 권유의 의미로 쓸 수 있어요. 그런데 「〜ますか」의 반말체인 「동사 기본형 + か」는 혼잣말로 쓰는 경우가 더 많아요.

- もう寝ますか。　➡　もう寝るか。　이제 잘까? (혼잣말)

- 早めに出ますか。　➡　早めに出るか。　일찌감치 출발할까? (혼잣말)

Ⓐ 昨日はお客さんがいっぱいで入れませんでした。
어제는 손님이 가득 차서 들어갈 수가 없었어요.

Ⓑ 今日は早い時間に行って並びますか。
오늘은 이른 시간에 가서 줄 설까요?

Ⓐ そうしましょう。待っている間、二人でゲームでもしますか。
그러죠. 기다리는 동안 둘이서 게임이라도 할까요?

Ⓑ いいですね。
그거 좋네요.

早い 빠르다, 이르다 ｜ 他の 다른 ｜ 早めに 일찌감치 ｜ 出る 나가다, 나오다, 나서다 ｜ いっぱいだ 가득하다 ｜ 並ぶ 줄을 서다, 늘어서다 ｜ 間 동안, 사이

음성을 잘 듣고 따라해 보세요.

バスが来ませんね。 タクシーを探しましょうか。

まだ時間があるからもう少し待ちませんか。

そうしますか。 じゃ、コーヒーでも飲みましょう。
コンビニで買ってきます。

私はブラックでお願いします。

(커피를 건네며)

はい。ブラックです。熱いから気をつけて。

あ、後3分で着きます。急いで飲みましょう。

남　버스가 안 오네요. 택시를 찾아볼까요?
여　아직 시간이 있으니 좀 더 기다리지 않을래요?
남　그럴까요? 그럼 커피라도 마시죠. 편의점에서 사 올게요.
여　전 블랙으로 부탁해요.
…
남　네. 여기 블랙이에요. 뜨거우니까 조심해요.
여　아, 앞으로 3분이면 도착해요. 서둘러서 마시죠.

우리말을 참고하여 빈칸에 써 보세요.

バスが来ませんね。タクシーを ________________ 。
찾아볼까요?

まだ時間があるからもう少し ________________ 。
기다리지 않을래요?

________________ 。 じゃ、コーヒーでも ________________ 。
그럴까요?　　마시죠(마십시다)

コンビニで買ってきます。

私はブラックでお願いします。

(커피를 건네며)

はい。ブラックです。熱いから気をつけて。

あ、後3分で着きます。急いで ________________ 。
마시죠(마십시다)

Words 🎧 054

探す 찾다, 찾아보다 ｜ お願いする 부탁을 드리다 ｜ 熱い 뜨겁다 ｜ 気をつける 조심하다, 주의하다 ｜
着く 도착하다 ｜ 急ぐ 서두르다

허가, 금지

음성 듣기

강의 보기

학습 자료

① 〜てもいいです

② 〜てもかまいません

③ 〜てはいけません

1

～てもいいです

~(해)도 돼요, ~(해)도 괜찮아요

상대방에게 허가할 때 쓰는 표현이에요. 반대로 허가를 구할 때는 「～てもいいですか ~(해)도 되나요?」를 씁니다. 보다 정중한 표현으로는 「～てもよろしいでしょうか ~(해)도 되겠습니까?」가 있어요.

Ⓐ プレゼント、箱を開けてもいいですか。
선물, 상자를 열어도 되나요?

Ⓑ はい、開けてもいいですよ。
네, 열어도 괜찮아요.

Ⓐ 犬にえさをあげてもいいですか。
강아지에게 먹이를 줘도 돼요?

Ⓑ さっき食べたから食べないと思います。
아까 먹었기 때문에 먹지 않을 거예요.

Ⓐ ここに座ってもいいですか。 여기 앉아도 돼요?

Ⓑ ええ。いいですよ。 네. 괜찮아요.

Ⓐ このスリッパ履いてもよろしいでしょうか。
이 슬리퍼 신어도 되겠습니까?

Ⓑ はい。どうぞ。 네. 그러세요.

> ✓ **Check**
>
> - 「どうぞ」는 '자, 어서, 부디, 제발' 등 다양한 뜻을 포함하고 있는데, 무언가 권하거나 승낙할 때 공손하게 쓰는 표현이기도 해요.

「〜てもいいですか ~(해)도 되나요?」에 대한 대답으로 「〜てもいいです ~(해)도 돼요」라고 하면 약간 거만한 느낌이 들 수도 있어서 손윗사람에게는 사용하지 않는 편이 좋아요.

A このボールペン、使ってもいいですか。　이 볼펜, 써도 돼요?

B (△) はい。使ってもいいです。　네. 써도 돼요.

　　(○) はい。どうぞ。　네. 그러세요.

A 結婚式に白い服を着てもいいですか。　결혼식에 흰옷을 입어도 돼요?

B 白い服は新婦が着ます。　흰옷은 신부가 입어요.

　　白じゃない色がいいですね。　흰색이 아닌 색이 좋죠.

A じゃ、黒い服は着てもいいですか。　그럼 검은색 옷은 입어도 돼요?

B 黒い服はどんな時でもいいです。　검정 옷은 어떤(아무) 때나 괜찮아요.

開ける 열다 | あげる 주다 | さっき 아까, 조금 전 | 座る 앉다 | 履く (신을) 신다 | 使う 쓰다, 사용하다 | 白い 희다 | 着る 입다 | 黒い 검다 | どんな 어떤

2

〜てもかまいません

~(해)도 상관없어요, ~(해)도 괜찮아요

상대방에게 허가할 때 쓰는 표현이에요. 역시 마찬가지로 허가를 구할 때는 「〜てもかまいませんか ~(해)도 상관없나요?」를 씁니다. 유사한 허가 표현으로 「〜ても大丈夫です ~(해)도 괜찮아요」가 있어요.

- この仕事は経験がなくてもかまいません。
  이 일은 경험이 없어도 상관없습니다.

- 答えはボールペンで書いてもかまいません。
  답은 볼펜으로 써도 상관없습니다.

- 支払はカードでしてもかまいません。
  결제는 카드로 해도 상관없어요.

- ここに荷物を置いてもかまいませんか。
  여기에 짐을 두어도 상관없나요?(괜찮나요?)

- 雨が止むまでここにいても大丈夫です。
  비가 그칠 때까지 여기에 있어도 괜찮습니다.

- 時間があるから特急に乗らなくても大丈夫です。
  시간이 있으니 특급 열차를 타지 않아도 괜찮아요.

- 1回くらいご飯を食べなくても大丈夫。
  한 번쯤 밥을 안 먹어도 괜찮아.

✓ Check

- 「くらい・ぐらい 정도, 만큼, 쯤」는 정도를 나타내는 표현으로, 둘 다 동일하게 쓸 수 있어요.

유사한 표현이긴 하지만, 「かまいません」은 '문제가 되지 않습니다', 「大丈夫です」는 '걱정하지 마세요'라는 뜻이 포함되어 있어요.

- 来週になってもかまいません。
  다음 주가 되어도 괜찮아요. (예 시간 여유가 있어서 다음 주라도 문제없어요.)

- この紙は雨に濡れても大丈夫です。
  이 종이는 비를 맞아도 괜찮아요. (예 물에 젖어도 찢어지지 않아요.)

스몰 토크 🎧 061

Ⓐ この時間は電車が込みます。 이 시간은 전철이 붐벼요.

Ⓑ 私は座らなくてもかまいません。 저는 앉아서 가지 않아도 상관없어요.

Ⓐ ここから、30分ぐらいかかると思います。 여기서 30분 정도 걸릴 것 같아요.

Ⓑ そのぐらい立っていても大丈夫です。 그 정도 서 있어도 괜찮아요.

Words 🎧 062

かまわない 상관없다 ｜ 仕事 일, 업무 ｜ 答え 답, 대답 ｜ 支払 지불, 결제 ｜ 止む 멈추다, 그치다 ｜ ～回 ~회, ~번 ｜ 濡れる 젖다 ｜ 込む 붐비다, 혼잡하다 ｜ かかる (시간·비용 등이) 걸리다, 들다 ｜ 立つ 일어서다, 서다

3

～てはいけません

~(해)서는 안 돼요

금지나 규제를 나타내는 표현이에요. 회화에서는 「～ちゃ(じゃ)いけません」, 「～ちゃ(じゃ)だめです」라는 표현을 써요.

- 小学生が一人で来てはいけません。
  초등학생이 혼자서 와서는 안 돼요.

- 検査の前にご飯を食べてはいけません。
  검사받기 전에 밥을 먹어서는 안 됩니다.

- お酒を飲んだら運転しちゃいけません。
  술을 마셨다면 운전해서는 안 됩니다.

- 健康な人が優先席に座っちゃいけません。
  건강한 사람이 교통약자석에 앉아서는 안 됩니다.

- そんな話を信じちゃだめです。
  그런 이야기를 믿어서는 안 돼요.

- 病気の時は外に出ちゃだめです。
  병에 걸렸을 때는 외출해서는 안 돼요.

✓ Check

- 회화에서 「ては」는 「ちゃ」, 「では」는 「じゃ」로 축약해서 말해요.

- 運転しては 운전해서는
  → 運転しちゃ

- 飲んでは 마셔서는
  → 飲んじゃ

「〜てはいけません ~(해)서는 안 돼요」은 보통 금지나 규제 사항을 말할 때 쓰며, 상대방에게 어떤 행동을 하지 말라고 직접 제지할 때는 「〜ないでください ~(하)지 마세요」를 주로 사용해요.

● 図書館で大きい声で話してはいけません。
도서관에서 큰 소리로 이야기해서는 안 됩니다.

● スマホを見ながら歩かないでください。
스마트폰을 보면서 걷지 마세요.

스몰 토크　🎧 065

Ⓐ 風邪を引いた時はお風呂に入ってはいけません。
감기에 걸렸을 때는 목욕을 해서는 안 됩니다.

Ⓑ シャワーをしてもだめですか。
샤워를 해도 안 되나요?

Ⓐ はい。今日から3日間は我慢しなくてはいけません。
네. 오늘부터 3일간은 참지 않아서는 안 됩니다(참아야 합니다).

Ⓑ 分かりました。
알겠습니다.

Words　🎧 066

運転する 운전하다 | 健康だ 건강하다 | 信じる 믿다 | 大きい 크다 | 風邪を引く 감기에 걸리다, 감기 들다 | お風呂に入る 목욕하다

음성을 잘 듣고 따라해 보세요.

風邪を引いて熱があるんですが、病院に行ってもいいですか。

分かりました。病院に行ってからそのまま帰ってもいいですよ。

薬を飲めば大丈夫だと思います。

無理をしてはいけません。

病院から電話します。

どうぞお大事に。

남 감기에 걸려서 열이 있는데 병원에 가도 될까요?
여 알겠어요. 병원에 가고 나서 그대로 귀가해도 괜찮아요.
남 약을 먹으면 괜찮을 것 같아요.
여 무리를 해서는 안 돼요.
남 병원에서 전화하겠습니다.
여 몸조리 잘 하세요.

우리말을 참고하여 빈칸에 써 보세요.

風邪を引いて熱があるんですが、病院に 　　　　　　　　。
가도 될까요?

分かりました。病院に行ってからそのまま 　　　　　　　　よ。
귀가해도 괜찮아요

薬を飲めば大丈夫だと思います。

無理を 　　　　　　　　。
해서는 안 돼요

病院から電話します。

どうぞお大事に。

Words 🎧 068

そのまま 그대로 ｜ 飲（の）む 마시다, (약을) 복용하다 ｜ 大事（だいじ）だ 중요하다, 소중하다 ｜ お大事（だいじ）に 몸조심해, 몸조심하세요, 몸조리 잘 하세요

비교, 대비

음성 듣기

강의 보기

학습 자료

이 과에서 배울 표현

① ～より ～(の)方が ～です

② ～と ～とどちら(の方)が ～ですか

③ ～の中で ～が一番～

～より ～(の)方<ほう>が ～です

~보다 ~쪽이 ~이에요

두 가지의 동작, 상황, 사물을 비교할 때 써요. 명사는 「～の方<ほう>が」, 동사는 「보통형(반말체) + 方<ほう>가」 형태로 쓸 수 있어요. 단, '~하는 쪽(것)이'처럼 동사에 「こと ~것」를 연결할 경우에는 「기본형(사전형)+こと+の方<ほう>が」 형태로 써요.

- 果物<くだもの>のジュースはバナナよりスイカの方<ほう>が人気<にんき>です。
  과일 주스는 바나나보다 수박 쪽이 더 인기가 있어요.

- スポーツはする**より**見<み>る方<ほう>が好<す>きです。
  스포츠는 하는 것보다 보는 것을 더 좋아해요.

- 外国語<がいこくご>は読<よ>むことの方<ほう>が書<か>くことより易<やさ>しいです。
  외국어는 읽는 것이 쓰는 것 보다(읽기가 쓰기보다) 쉬워요.

- サッカーはバレーボールより面白<おもしろ>いです。
  축구는 배구보다 재미있어요.

- 金<キム>さんは日本人<にほんじん>より日本語<にほんご>が上手<じょうず>ですね。
  김 씨는 일본 사람보다 일본어를 잘하네요.

- 誰<だれ>かに相談<そうだん>するのは一人<ひとり>で心配<しんぱい>するよりいいと思<おも>います。
  누군가에게 상담하는 건 혼자서 걱정하는 것보다 낫다고 생각해요.

✓ Check

- 기본형은 사전에 실린 기본 형태를 말해요.
  보통형(반말체)은 기본형, 부정형, 과거형 등을 모두 포함해요.

기본형	書<か>く
보통형	書<か>く
	書<か>かない
	書<か>いた …

- 「～より ～の方(ほう)が ～です」 또는 「～が ～より ～です」 등 다양한 형태로 쓸 수 있어요.

- 다음 な형용사는 조사에 주의하세요.
- ～が好<す>きだ ~을/를 좋아하다
- ～がきらいだ ~을/를 싫어하다
- ～が上手<じょうず>だ ~을/를 잘하다
- ～が下手<へた>だ ~을/를 못하다

い형용사는 「기본형 + 方が」, な형용사는 「어간 + な方が」 형태로 연결해서 써요.

- 仕事は早い方が遅いより助かります。
  일은 빠른 것이 늦는 것보다 도움됩니다.

- 店の人が親切な方がお客さんは喜びます。
  가게 직원이 친절한 것을 손님들은 좋아해요.

Ⓐ 明日、時間があったら一緒に買い物しませんか。
  내일 시간이 있으면 같이 쇼핑을 가지 않을래요?

Ⓑ 明日より明後日の方が時間があります。
  내일보다 모레가 시간이 있어요.

Ⓐ じゃ、1時に駅で会いましょうか。
  그럼 1시에 역에서 만날까요?

Ⓑ 会う場所は駅よりデパートの前の方がいいですね。
  만나는 장소는 역보다 백화점 앞쪽이 좋죠.

好きだ 좋아하다 | 易しい 쉽다 | 面白い 재미있다 | 上手だ 잘하다 | 相談する 상담(상의)하다 |
助かる 도움이 되다 | 親切だ 친절하다 | 喜ぶ 기뻐하다, 좋아하다 | 買い物する 쇼핑하다, 장을 보다

2

～と ～とどちら(の方)が ～ですか

~와 ~중 어느 쪽이 ~이에요?

두 개를 비교해서 물어볼 때 쓰는 표현이에요.

- 春と秋とどちらが好きですか。
봄과 가을 중 어느 쪽을 좋아해요?

- 日本語と中国語とどちらの方が勉強しやすいですか。
일본어와 중국어 중 어느 쪽이 공부하기 쉬워요?

- 困った時に友だちと親とどちらに相談したいですか。
힘들 때 친구와 부모님 중 어느 쪽에 상담하고 싶어요?

- カフェラテとカフェオレ、どっちが好き？
카페라테와 카페오레, 어느 쪽을 좋아해?

- Ⓐ 結婚相手は頭がいい人と性格がいい人とどっちがいい？
결혼 상대는 머리가 좋은 사람과 성격이 좋은 사람 중 어느 쪽이 좋아?

- Ⓑ 性格がいい人の方がいい。
성격이 좋은 사람 쪽이 좋아.

✓ Check

- ✔ 회화에서는 「どちら」 대신 「どっち 어느 쪽」도 많이 써요.

- ✔ 「동사 ます형 + やすい」는 '~하기 쉽다(편하다)'라는 뜻이에요.
• 勉強しやすい。 공부하기 쉽다.
• 読みやすい。 읽기 쉽다.

동사, 형용사는 「〜の ~것」를 붙여 명사형으로 만든 뒤 연결해요. 단, な형용사의 경우 어간에 「〜なのと」라고 연결해 사용한다는 점에 주의하세요.

- 泳ぐのと走るのとどちらが得意ですか。
  헤엄치는 것과 달리는 것 중 어느 쪽을 잘해요?

- 値段が高いのと安いのとどちらを選びますか。
  가격이 비싼 것과 싼 것 중 어느 것을 선택하시겠습니까?

- 静かなのと賑やかなのとどちらがいいですか。
  조용한 것과 북적이는 것 중 어느 쪽이 좋아요?

Ⓐ 今すぐタクシーを呼ぶのと30分待ってバスに乗るのとどちらが早いですかね。
지금 바로 택시를 부르는 것과 30분 기다렸다가 버스를 타는 것 중 어느 쪽이 빠를까요?

Ⓑ タクシーがすぐ来るか分からないのでバスを待ちましょう。
택시가 바로 올까도 잘 모르니 버스를 기다리죠.

Ⓐ タクシーとバスとどちらが早いか場所によって違いますね。
택시와 버스 중 어느 쪽이 빠를지 장소에 따라 다르죠.

Ⓑ そうですね。バスの方が早いこともあります。
그렇죠. 버스 쪽이 빠른 경우도 있어요.

困る 곤란하다, 난처하다 | 相手 상대(방) | 泳ぐ 수영하다, 헤엄치다 | 走る 달리다, 뛰다 | 得意だ 잘하다, 자신 있다 | 値段 값, 가격 | 選ぶ 고르다, 선택하다 | 静かだ 조용하다 | 賑やかだ 북적이다, 활기차다 | 〜によって ~에 따라 | 違う 다르다

3

～の中^{なか}で ～が一番^{いちばん}～

~중에서 ~이/가 제일~

어떤 범위 안에서 하나를 고를 때 사용하는 표현이에요.

- 国立大学^{こくりつだいがく}の中^{なか}で、どの大学^{だいがく}が一番^{いちばんむずか}難しいですか。
  국립대학 중에서 어느 대학이 가장 어렵습니까?

- 日本^{にほん}の山^{やま}の中^{なか}で、一番高^{いちばんたか}い山^{やま}はどこですか。
  일본의 산 중에서 가장 높은 산은 어디예요?

- スポーツの中^{なか}で、一番好^{いちばん す}きなのは野球^{やきゅう}です。
  스포츠 중에서 가장 좋아하는 것은 야구예요.

- 料理^{りょうり}の中^{なか}で、カレーが一番簡単^{いちばんかんたん}です。
  요리 중에 카레가 제일 간단해요(쉬워요).

- クラスの中^{なか}で、山田^{やまだ}さんが一番背^{いちばん せ}が高^{たか}いです。
  반에서 야마다 씨가 제일 키가 커요.

- 日本^{にほん}の温泉^{おんせん}の中^{なか}で、一番有名^{いちばんゆうめい}なところはどこ

  ですか。
  일본 온천 중에서 제일 유명한 곳은 어디예요?

✅ Check

- 「背^せが高^{たか}い」는 '키가 크다'라는 뜻이에요.

- 背^せ 키, 신장
- 高^{たか}い 높다

「〜の中<ruby>中<rt>なか</rt></ruby>で ~중에서」와 유사한 표현으로 「〜のうちで ~중에서」가 있는데, 「〜の中<ruby>中<rt>なか</rt></ruby>で」는 막연하고 넓은 범위를 말할 때 쓰고 「〜のうちで」는 구체적인 수량이나 시기 등을 말할 때 많이 써요.

- 1年のうちで一番雨が多いのは何月でしょう。
  1년 중에 가장 비가 많은 것은 몇 월일까요?

- A、B、Cのうちで一番大きいものは？
  A, B, C 중에서 가장 큰 것은?

스몰 토크 🎧 079

Ⓐ お菓子の中で何が好きですか。　과자 중에서 뭘 좋아해요?

Ⓑ ポテトチップスが好きですね。　감자칩을 좋아해요.

Ⓐ じゃ、この3つの味のうち、どれが好きですか。*
  그럼 이 세 개의 맛 중에 어느 것을 좋아해요?

Ⓑ 塩味が一番好きです。
  소금 맛을 제일 좋아해요.

  * どちら: 두 개 중에서 물을 때 / どれ: 세 개 이상을 두고 물을 때

Words 🎧 080

どの 어느 ｜ 難しい 어렵다, 힘들다 ｜ 高い 높다, 비싸다 ｜ 簡単だ 간단하다, 쉽다 ｜ 有名だ 유명하다 ｜
多い 많다 ｜ どれ 어느(어떤) 것

음성을 잘 듣고 따라해 보세요.

この前はあちらのカフェに行ったから今日はこちらで。

こちらとあちらとどちらがいいか分かりますね。

このカフェの方があちらより広いです。

ええ、でもあちらは音楽がいいんじゃないでしょうか。

ここはこの辺りで一番コーヒーの種類が多いと思いますよ。

じゃ、彼女と来る時はあちらで、友だちと来る時はこちらかな。

여 지난번에는 저쪽 카페에 갔으니 오늘은 이쪽으로 (가요).
남 이쪽과 저쪽 중 어느 쪽이 좋은지 알 수 있겠네요.
여 이 카페가 저쪽보다 넓어요.
남 네. 하지만 저쪽은 음악이 좋지 않나요?
여 여기는 이 근처에서 제일 커피 종류가 많은 것 같아요.
남 그럼 여자 친구와 올 때는 저쪽으로, 친구랑 올 때는 이쪽으로 와야겠다.

우리말을 참고하여 빈칸에 써 보세요.

この前はあちらのカフェに行ったから今日はこちらで。

_______________________ いいか分かりますね。
이쪽과 저쪽 중 어느 쪽이

_______________________ 広いです。
이 카페가 저쪽보다

ええ、でもあちらは音楽がいいんじゃないでしょうか。

ここは _______________ コーヒーの種類が多いと
이 근처에서 제일

思いますよ。

じゃ、彼女と来る時はあちらで、友だちと来る時はこちらかな。

Words 🎧 082

この前(まえ) 지난번, 요전 ｜ あちら 저쪽, 저기 ｜ こちら 이쪽, 여기 ｜ 広(ひろ)い 넓다 ｜ 辺(あた)り 근처, 부근 ｜

〜かな 〜일까, 〜려나(가벼운 의문을 나타내는 종조사)

의무, 필요

음성 듣기

강의 보기

학습 자료

① 〜なければなりません

② 〜くなければなりません [い형용사]
〜じゃなければなりません
[な형용사, 명사]

③ 〜なくてもいいです

1

〜なければなりません
~(하)지 않으면 안 돼요, ~(해)야 돼요

의무를 나타내는 표현이에요. 유사한 표현으로 「〜なければいけません」, 「〜なくてはいけません」, 「〜ないといけません」이 있어요.

- 10時の特急に乗らなければなりません。
  10시 특급 열차를 타야 해요.

- 今日は早く寝なければなりません。
  오늘은 일찍 자야 해요.

- あの人に会わなければいけません。
  그 사람을 만나지 않으면 안 돼요.

- カバンには名前のカードをつけなくてはいけません。
  가방에는 이름 카드를 달지 않으면 안 돼요.

- その集まりにはスーツを着なくてはいけません。
  그 모임에는 정장을 입지 않으면 안 돼요.

- 薬は一日３回飲まないといけません。
  약은 하루에 세 번 먹어야만 해요.

✓ Check

- 「１日」는 읽는 법이 두 가지예요. 달력 날짜로서의 1일은「ついたち」라고 하고, 하루라는 기간을 말할 때는「いちにち」라고 해요.

회화에서 「〜なければ」는 「〜なきゃ」, 「〜なくては」는 「〜なくちゃ」로 각각 축약해서 쓸 수 있어요. 또, 뒷부분 「なりません」과 「いけません」을 생략할 수도 있어요.

- 帰りのキップも買わなければなりません。　돌아올 때의 표도 사야 해요.

  = 帰りのキップも買わなきゃなりません。

  = 帰りのキップも買わなきゃ。

- 後30分待たなくてはいけません。　앞으로 30분 더 기다려야 해요.

  = 後30分待たなくちゃいけません。

  = 後30分待たなくちゃ。

스몰 토크　🎧 085

Ⓐ スマホを中で使ってもいいですか。　스마트폰을 안에서 사용해도 되나요?

Ⓑ 受付に預けなければいけません。　접수처에 맡겨야 합니다.

Ⓐ 写真は撮っても大丈夫ですか。　사진은 찍어도 괜찮나요?

Ⓑ カメラで撮るのはいいです。　카메라로 찍는 건 괜찮습니다.

Words　🎧 086

集まり 모임 ｜ 受付 접수, 접수처 ｜ 預ける 맡기다

2

～くなければなりません
～じゃなければなりません

~(하)지 않으면 안 돼요, ~(해)야 돼요

①과 같은 뜻으로, い형용사에는 「くなければなりません」, な형용사와 명사에는 「じゃなければなりません」을 연결해서 사용해요.

- 旅行のカバンは軽くなければなりません。
  여행 가방은 가볍지 않으면 안 돼요.

- 昼ご飯はできるだけ安くなければなりません。
  점심밥은 가능한 한 저렴해야 합니다.

- 大きさが同じじゃなければなりません。
  크기가 같아야 됩니다.

- スポーツをする人は健康じゃなければならない。
  스포츠를 하는 사람은 건강해야 한다.

- お酒を飲むのは二十歳以上じゃなければなりません。
  술을 마시는 것은 20세 이상이어야 합니다.

- 飲み物は水かお茶じゃなければなりません。
  음료는 물이나 차가 아니면 안 돼요.

✓ Check

✓ 「～なければなりません」은 다소 강한 느낌이 있어서 「～方(ほう)がいいです ~편이(것이) 좋아요」로 대신해서 쓸 수 있어요.

- 軽くなければなりません。
  가볍지 않으면 안 돼요.
- 軽い方がいいです。
  가벼운 게 좋아요.

동사와 마찬가지로 회화에서는 축약해서 많이 사용해요.

- 家は駅からもっと近くなきゃ不便です。

  = 家は駅からもっと近くなくちゃ不便です。

  집은 역에서 좀 더 가깝지 않으면 불편해요.

- 部屋がきれいじゃなきゃ友だちを呼べません。

  = 部屋がきれいじゃなくちゃ友だちを呼べません。

  방이 깨끗하지 않으면 친구를 부를 수 없어요.

스몰 토크 🎧 089

Ⓐ 今週の土曜日は何をしますか。 이번 주 토요일에는 무엇을 해요?

Ⓑ 午前中に掃除をして午後は買い物をしなければなりません。
  오전 중에 청소를 하고 오후에는 장을 봐야 해요.

Ⓐ じゃ、日曜日はゆっくり休みますか。 그럼 일요일에는 푹 쉬나요?

Ⓑ 友だちの引っ越しを手伝わないといけないんです。
  친구의 이사를 도와줘야 해요.

Words 🎧 090

軽い 가볍다 | 安い 싸다, 저렴하다 | 大きさ 크기 | 同じだ 같다 | 飲み物 마실 것, 음료 | 近い 가깝다 |
不便だ 불편하다 | 部屋 방 | 掃除 청소 | 買い物 쇼핑, 장보기 | 引っ越し 이사 | 手伝う 돕다, 거들다

3

～なくてもいいです

~(하)지 않아도 돼요

무엇인가를 할 필요가 없다는 것을 나타내는 표현이에요. 유사한 표현으로 「～なくても大丈夫です ~(하)지 않아도 괜찮아요」가 있어요.

- 涼しいから窓を開けなくてもいいです。
  시원하니까 창문을 열지 않아도 돼요.

- 初級では漢字を書かなくてもいいです。
  초급에서는 한자를 쓰지 않아도 됩니다.

- きらいなものは残してもいいです。
  싫어하는 것은 남겨도 돼요.

- この仕事は経験が長くなくても大丈夫です。
  이 일은 경험이 길지 않아도 괜찮습니다.

- おいしければ有名じゃなくても大丈夫です。
  맛있으면 유명하지 않아도 괜찮아요.

- 大学の図書館は学生じゃなくても大丈夫です。
  대학 도서관은 학생이 아니라도 괜찮습니다.

✓ Check

- 가정형 「～ば ~면」의 품사별 활용법은 187p를 참고하세요.

「〜なくてもいいです ~(하)지 않아도 돼요」는 어떤 행동에 대해 허가하거나 조건을 말할 때 쓰고,
「〜なくても大丈夫です ~(하)지 않아도 괜찮아요」는 '~해도 걱정할 것이 없다'는 뉘앙스로 말할
때 써요.

- まだ早いから急いで来なくてもいいです。
  아직 이르니까 서둘러서 오지 않아도 돼요.

- お金がなくても大丈夫です。
  돈이 없어도 괜찮아요.

스몰 토크　🎧 093

Ⓐ ここに写真を貼らなくてはいけませんか。
　여기에 사진을 붙여야 합니까?

Ⓑ いいえ、写真は貼らなくてもいいです。
　아뇨, 사진은 붙이지 않아도 됩니다.

Ⓐ 手数料はいくらですか。
　수수료는 얼마예요?

Ⓑ 手数料は払わなくても大丈夫です。
　수수료는 내지 않아도 괜찮습니다.

Words　🎧 094

残す 남기다 | 長い 길다 | 貼る 붙이다 | 払う 돈을 내다, 지불하다

음성을 잘 듣고 따라해 보세요.

明日、博物館に行く時は教科書を
持って行かなければなりませんか。

いいえ。教科書は持っていかなくてもいいです。

弁当は作らなければなりませんか。

いいえ、お弁当も必要ありません。
サンドイッチを準備します。

見学が終わってから学校に帰ってきますか。

はい。学校に帰ってそれで終わります。
授業はありません。

남　내일 박물관에 갈 때는 교과서를 가져가야 하나요?
여　아뇨. 교과서는 안 가져가도 됩니다.
남　도시락은 만들어야(싸야) 하나요?
여　아뇨. 도시락도 필요 없어요. 샌드위치를 준비할 거예요.
남　견학이 끝나고 나서 학교로 돌아오나요?
여　네. (일단) 학교로 돌아와 그것으로 끝납니다. 수업은 없어요.

우리말을 참고하여 빈칸에 써 보세요.

明日、博物館に行く時は教科書を

　　　　　　　　　　　　　　　　　。

가져가야 하나요?

いいえ。教科書は

　　　　　　　　　　　　　　　　　。

안 가져가도 됩니다

弁当は

　　　　　　　　　　　　　　　　　。

만들어야(싸야) 하나요?

いいえ、お弁当も必要ありません。

サンドイッチを準備します。

見学が終わってから学校に帰ってきますか。

はい。学校に帰ってそれで終わります。

授業はありません。

Words 🎧 096

作る 만들다 | 弁当を作る 도시락을 만들다(싸다) | 準備する 준비하다 | 終わる 끝나다

조언, 충고

음성 듣기

강의 보기

학습 자료

1. 〜た方^{ほう}がいいです

2. 〜たらどうですか

3. 〜といいです

4. 〜はどうですか

1

〜た方がいいです

~(하)는 편이 좋아요, ~(하)는 게 좋아요

자신의 의견이나 일반적인 의견을 상대방에게 조언할 때 쓰는 표현이에요. 무언가 하지 말라고 충고할 때는 「〜ない方がいいです ~(하)지 않는 게 좋아요」를 써요.

Ⓐ この頃、夜眠れないんです。
요즘 밤에 잠이 오지 않아요.

Ⓑ 寝る前に運動した方がいいですよ。
자기 전에 운동하는 것이 좋아요.

Ⓐ あのレストランは人気があります。
저(그) 레스토랑은 인기가 있어요.

Ⓑ 食事する時は予約した方がいいです。
식사할 때는 예약하는 게 좋아요.

Ⓐ 最近、コンディションがよくないんです。
요즘 컨디션이 좋지 않아요.

Ⓑ あまり無理しない方がいいですよ。
너무 무리하지 않는 게 좋아요.

Ⓐ この牛乳ちょっと臭いがしますね。
이 우유 좀 냄새가 나네요.

Ⓑ 飲まない方がいいですね。
마시지 않는 게 좋겠네요.

✓ Check

- 「〜た方(ほう)がいい」는 충고하는 느낌이 들기 때문에 손윗사람에게는 쓰지 않는 것이 좋아요.

- 「あの」는 '저'라는 뜻도 있지만 둘 다 아는 경우에는 '그'라는 의미로 해석해요.

- 발음은 같지만 다른 한자를 써요.
  - 臭い (안 좋은) 냄새
  - 匂い (좋은) 냄새

「〜た方がいい ~(하)는 게 좋다」는 동사 た형에 연결하지만 과거의 의미는 없어요. 「동사 기본형 + 方がいい」로 바꿔도 의미는 변하지 않아요.

- 運動した方がいい。　＝　運動する方がいい。　운동하는 게 좋다.
- 予約した方がいい。　＝　予約する方がいい。　예약하는 게 좋다.

스몰 토크 🎧 099

Ⓐ 地震の時は家にいた方がいいですよ。
지진 때는 집에 있는 편이 좋아요.

Ⓑ 外に逃げた方がよくないですか。
밖으로 피하는 게 좋지 않나요?

Ⓐ 外には出ない方がいいです。危ないです。
밖에는 나가지 않는 게 좋아요. 위험해요.

Ⓑ そうですか。分かりました。
그렇군요. 알겠습니다.

Words 🎧 100

この頃 요즘 ｜ 眠る 잠자다, 잠들다 ｜ 運動する 운동하다 ｜ 予約する 예약하다 ｜ 最近 최근, 요즘 ｜
臭い (안 좋은) 냄새 ｜ 臭いがする (안 좋은) 냄새가 나다 ｜ 逃げる 도망치다, 피하다

2

～たらどうですか

~(하)면 어때요?

상대방에게 어떤 행동을 해 보면 어떠냐고 조언하는 표현이에요. 허물없는 사이에서는 「～たら どう？ ~(하)면 어때?」, 「～たら？ ~(하)면?」로 쓰기도 해요.

Ⓐ この頃は歩けなくて買い物も大変です。
요즘은 걷지를 못해서 쇼핑도 힘들어요.

Ⓑ 配達を頼んだらどうですか。
배달을 시키면 어때요?

Ⓐ 運動しないからすぐに疲れます。
운동을 안 해서 금방 지쳐요.

Ⓑ 公園で散歩でもしたらどうですか。
공원에서 산책이라도 하면 어때요?

Ⓐ 東京の近くで温泉に入れるでしょうか。
도쿄 근처에서 온천에 갈 수 있을까요?

Ⓑ 箱根に行ったらどうですか？
하코네로 가면 어때요?

Ⓐ 雨が降ってどこにも行けないね。
비가 와서 아무 데도 못 가네.

Ⓑ 家でテレビでも見たら？
집에서 TV라도 보면 (어때)?

✅ **Check**

- 직접적으로 제안하는 「～た 方(ほう)がいい ~(하)는 편이 좋다」보다 부드럽게 들려요.

「~たらどう？ ~(하)면 어때?」와 유사한 표현으로 「~ば？ ~(하)면?」가 있어요. 가정형 「ば ~면」의 활용법은 187p를 참고하세요.

- Ⓐ 頭が痛くて… 風邪みたい。 머리가 아파서… 감기인 것 같아.

  Ⓑ 病院か薬局に行けば？ 병원이나 약국에 가면 (어때)?

- Ⓐ このスープ、ちょっと味が薄い？ 이 국물, 좀 맛이 싱거운가?

  Ⓑ もう少し、塩か醤油を入れれば？ 좀 더 소금이나 간장을 넣으면 (어때)?

Ⓐ 朝、8時から9時の間で特急は何分でしょうか。
아침 8시부터 9시 사이에 특급 열차는 몇 분인가요?

Ⓑ さあ、駅に聞いたらどうですか。 글쎄요, 역에 물어보면 어때요?

Ⓐ 何回電話しても話し中です。 몇 번 전화해도 통화 중입니다.

Ⓑ じゃあ、ネットで調べれば？ 그럼 인터넷에서 찾아보면 (어때요)?

大変だ 힘들다, 큰일이다 ｜ 頼む 부탁하다, 청하다 ｜ すぐに 곧, 즉시 ｜ 降る (눈・비 등이) 내리다 ｜
痛い 아프다 ｜ 薄い 얇다, 연하다, 싱겁다 ｜ 話し中 통화 중 ｜ 調べる 조사하다, 찾아보다

3

～といいです

~(하)면 좋아요, ~(하)면 돼요

상대방에게 조언하거나 권유할 때 쓰는 표현이에요. 동사 기본형에 연결해서 써요.

- Ⓐ ランチタイムはいつも混んでいます。
  점심시간은 항상 붐빕니다.
- Ⓑ 1時半ごろ行くといいですよ。
  1시 반쯤에 가면 좋아요.

- Ⓐ 卵が高くてびっくりしました。
  달걀이 비싸서 깜짝 놀랐어요.
- Ⓑ Cスーパーで買うといいですよ。
  C슈퍼에서 사면 좋아요.

- Ⓐ 聞き取り練習をしたいんですが。
  듣기 연습을 하고 싶은데요.
- Ⓑ ドラマを見るといいですよ。
  드라마를 보면 좋아요.

- Ⓐ 京都はどの季節がいいですか。
  교토는 어느 계절이 좋나요?
- Ⓑ 春に来るといいですよ。
  봄에 오면 좋아요.

✓ Check

- 「～と」 대신 「～たら」, 「～ば」를 쓸 수 있어요.

「〜といいです」는 '~(하)면 좋겠어요'라는 뜻의 희망이나 바람을 표현하기도 해요.

Ⓐ 新しい本を出しました。　새로운 책을 냈습니다.

Ⓑ たくさん売れるといいですね。　많이 팔리면 좋겠네요.

스몰 토크　🎧 107

Ⓐ 宝くじでも買いましょうか。
복권이라도 살까요?

Ⓑ 前に当たったところで買うといいですよ。
전에 당첨된 곳에서 사면 좋아요.

Ⓐ 1等が当たったら一緒に旅行しましょう。
1등이 당첨되면 같이 여행 가요.

Ⓑ 本当に当たるといいですね。
진짜로 당첨되면 좋겠네요.

Words　🎧 108

聞き取る 청취하다 ｜ 聞き取り 청취, 듣기 ｜ たくさん 많이 ｜ 売れる 팔리다 ｜ 当たる 맞다, 적중하다,
당첨되다 ｜ 本当に 정말로, 진짜로

4

〜はどうですか

〜은/는 어때요?

상대방에게 물어보는 형태로 쓰지만, 조언할 때 쓰는 표현이에요.

- **A** パーティーはいつしましょうか。
  파티는 언제 할까요?

- **B** 金曜日はどうですか。次の日は休みだし。
  금요일은 어때요? 다음 날은 쉬는 날이고.

- **A** サークルはどこがいいですか。
  동아리는 어디가 좋을까요?

- **B** 旅行サークルはどうですか。
  여행 동아리는 어때요?

- **A** どんな映画を見ましょうか。
  어떤 영화를 볼까요?

- **B** アクション映画はどうですか。
  액션 영화는 어때요?

- **A** デザートはどうしましょうか。
  디저트는 어떻게 할까요?

- **B** アイスクリームでもどうですか。
  아이스크림이라도 어때요?

✓ Check

- 「〜でもどうですか ~라도 어때요?」도 자주 쓰는 표현이에요.

동사, 형용사와 접속할 때는 「기본형 + のはどうですか ~(하는/인) 것은 어때요?」의 형태로 써요.

- 少し休むのはどうですか。 좀 쉬는 건 어때요?

- これより1サイズ小さいのはどうですか。 이거 보다 한 사이즈 작은 건 어때요?

Ⓐ あの青いカバンはどうですか。
저 파란색 가방은 어때요?

Ⓑ 色やデザインはいいけど、少し小さいですね。
색이나 디자인은 좋은데 좀 작네요.

Ⓐ じゃ、その茶色のカバンはどうでしょう。
그럼, 그 갈색 가방은 어떤가요?

Ⓑ いいですね。もう少し買い物してからお茶でもどうですか。
좋네요. 좀 더 쇼핑하고 나서 차라도 어때요?

いつ 언제 | どこ 어디 | どんな 어떤 | 小さい 작다 | 青い 파랗다

음성을 잘 듣고 따라해 보세요.

今年の夏休みはどうしましょうか。

みんなでキャンプに行ったらどうでしょうか。

どこかいい所がありますか。

友だちのお父さんが富士山の近くでキャンプ場をやっています。

その友だちも一緒に行けるといいですね。

友だちのスケジュールを聞いてみましょう。

日程が合うといいですが。

여　올 여름 방학은 어떻게 할까요?
남　다 같이 캠핑을 가면 어떨까요?
여　어딘가 좋은 곳이 있나요?
남　친구 아버지가 후지산 근처에서 캠핑장을 하고 있어요.
여　그 친구도 같이 갈 수 있으면 좋겠네요.
남　친구 스케줄을 물어보죠.
여　일정이 맞으면 좋겠는데요.

우리말을 참고하여 빈칸에 써 보세요.

今年の夏休みはどうしましょうか。

みんなでキャンプに 　　　　　　　　　　。
가면 어떨까요?

どこかいい所がありますか。

友だちのお父さんが富士山の近くでキャンプ場をやっています。

その友だちも一緒に 　　　　　　　　　　。
갈 수 있으면 좋겠네요

友だちのスケジュールを聞いてみましょう。

日程が 　　　　　　　　　　。
맞으면 좋겠는데요

Words 🎧114

夏休み 여름 방학, 여름휴가 | 동작성 명사/동사 ます형 + に行く ~하러 가다 | キャンプに行く 캠핑하러 가다 | 所 곳, 데, 장소 | 近く 가까운 곳, 근처 | やる 하다 | 合う 맞다

08

의지, 결정

음성 듣기

강의 보기

학습 자료

① 〜(よ)う

② 〜(よ)うと思います

③ 〜(よ)うとします

④ 〜ことにします

⑤ 〜にします

1

~(よ)う

~(하)자, ~(해)야지, ~(해)야겠다 [의지형]

상대방에게 제안하거나 자신의 의지를 혼잣말처럼 할 때 쓰는 표현이에요.

- 早く帰ろう。 빨리 돌아가자(돌아가야지).

- 公園で遊ぼう。 공원에서 놀자(놀아야지).

- 毎日牛乳を飲もう。 매일 우유를 마시자(마셔야지).

- 7時に起きよう。 7시에 일어나자(일어나야지).

- 11時までには寝よう。 11시까지는 자자(자야지).

- また明日来よう。 내일 또 오자(와야지).

> ・동사 그룹별 의지형 활용 공식
>
> 1그룹: 어미 [u] → [o] + う
> 2그룹: 어미 –る 빼고 + よう
> 3그룹: 来る → 来よう / する → しよう

- 歩く 걷다 → 歩こう 걷자

- 食べる 먹다 → 食べよう 먹자

- 出発する 출발하다 → 出発しよう 출발하자

✓ Check

- 동사 의지형의 그룹별 활용 방법은 187p를 참고하세요.

허물없는 사이에서 쓰거나 표어, 혼잣말 등에서 쓰는 표현이며, 사람의 의지로 할 수 없는 자연 현상이나 자동사는 이 형태로 쓸 수 없어요.

자동사		타동사	
増える 늘다	(✕) 増えよう	増やす 늘리다	(○) 増やそう 늘리자
減る 줄다	(✕) 減ろう	減らす 줄이다	(○) 減らそう 줄이자
乾く 마르다	(✕) 乾こう	乾かす 말리다	(○) 乾かそう 말리자

스몰 토크 🎧 117

Ⓐ 午後1時に駅前で会おう！ 오후 1시에 역 앞에서 만나자!

Ⓑ 分かった。その後どこに行こうか。 알겠어. 그다음에 어디로 갈까?

Ⓐ 昼ご飯を食べに行こう！ 점심 먹으러 가자!

Ⓑ じゃ、おいしい店を探そう。 그럼 맛있는 집을 찾아봐야겠다.

Words 🎧 118

その後(その後) 그 뒤, 그다음 | 동사 ます형 + に行く ~(하)러 가다 | 食べに行く 먹으러 가다

2

〜(よ)うと思います

~(하)려고 생각해요, ~(하)려고 해요

동사 의지형에 연결되는 표현으로, 앞으로 무언가를 하겠다는 결심을 나타내요. 「〜(よ)うと思っています」는 결심하고 나서부터 계속 그렇게 하려고 생각해 왔음을 나타내고, 「〜(よ)うと思います」는 말하는 시점에서의 판단이나 결심을 나타내요.

- 来月からアルバイトをしようと思っています。
  다음 달부터 아르바이트를 하려고 해요.

- 会社を辞めようと思っています。
  회사를 그만두려고 생각하고 있습니다.

- 退職の挨拶はメールで送ろうと思っています。
  퇴직 인사는 메일로 보내려고 생각하고 있습니다.

- 将来は沖縄に住もうと思います。
  장래에는 오키나와에서 살려고 해요.

- 先生には私から話そうと思います。
  선생님께는 제가 이야기하려고 합니다.

- 会社員になろうとは思っていません。
  회사원이 되려고는 생각하고 있지 않아요.

✓ Check

- 부정 표현은 「〜とは思(おも)いません ~라고는 생각하지 않아요」, 「〜とは思(おも)っていません ~라고는 생각하고 있지 않아요」이에요.

이 표현도 손윗사람을 대상으로 쓰면 실례가 될 수 있으니 다른 표현도 함께 익혀 두세요.

(△) 先生は来週テストをしようと思っています。
선생님은 다음 주에 테스트를 하려고 생각하고 있습니다.

➡ 先生は来週テストをしようとお考えです。
선생님은 다음 주 테스트를 하려고 생각하십니다.

(△) 部長は3時の飛行機に乗ろうと思っていますか。
부장님은 세 시 비행기를 타려고 생각하고 있습니까?

➡ 部長は3時の飛行機に乗るご予定ですか。
부장님은 세 시 비행기를 탈 예정이신가요?

Ⓐ ランチは何を食べますか。　점심은 뭘 먹어요?

Ⓑ サンドイッチを食べようと思っています。　샌드위치를 먹으려고 해요.

Ⓐ コンビニに行こうと思いますが、コーヒーでも買ってきましょうか。
편의점에 가려고 하는데 커피라도 사 올까요?

Ⓑ ありがとうございます。じゃ、お願いします。
고맙습니다. 그럼 부탁합니다.

送る 보내다 ｜ 住む 살다 ｜ ～になる ~이/가 되다 ｜ 買ってくる 사 오다

3

～(よ)うとします

~(하)려고 합니다, ~(하)려고 해요

동사 의지형에 연결되는 표현으로, 어떤 일을 시작하려고 하거나 그렇게 하려고 노력하고 있음을 나타내요.

- うちのネコはドアが開いているとすぐ外に出ようとします。
  우리 집 고양이는 문이 열려 있으면 금방 밖에 나가려고 해요.

- 子どもはお菓子があれば食べようとします。
  아이는 과자가 있으면 먹으려고 해요.

- 試験の前は30分でも本を手にして暗記しようとします。
  시험 전에는 30분이라도 책을 들고 암기하려고 합니다.

- 入院した父は一日も早く退院しようとします。
  입원한 아버지는 하루 빨리 퇴원하려고 합니다.

- すぐ来ようとしても仕事が忙しくて来られませんでした。
  곧바로 오려고 해도 일이 바빠서 올 수 없었습니다.

- 道を聞こうとしましたが言葉が通じませんでした。
  길을 물으려고 했지만 말이 통하지 않았습니다.

✓ Check

- 「～ようとしても～られない / できない」라는 표현도 많이 써요.

- 歯が痛くて食べようとしても食べられない。
  이가 아파서 먹으려고 해도 먹을 수 없다.

「〜(よ)うとしています ~(하)려고 하고 있어요」는 어떤 상태가 일어나기 직전의 모습을 나타낼 때 써요.

- 今、特急列車が出発しようとしています。
  지금 특급 열차가 막 출발하려고 하고 있습니다.

- 先頭の選手がゴールに入ろうとしています。
  선두의 선수가 결승점에 들어가려고 하고 있습니다.

스몰 토크 🎧 125

Ⓐ この頃の子どもはスマホを離そうとしません。
요즘 아이들은 스마트폰을 손에서 놓으려고 하지 않아요.

Ⓑ そうですね。ゲームをしている時は動こうとしません。
그러니까요. 게임을 하고 있을 때는 움직이려고 하지 않아요.

Ⓐ 家の中ではスマホ禁止にしようと考えています。
집 안에서는 스마트폰 금지로 하려고 생각하고 있어요.

Ⓑ それも一つの方法ですね。
그것도 하나의 방법이겠군요.

Words 🎧 126

開く 열리다 | 手にする 손에 들다 | 暗記する 암기하다 | 入院する 입원하다 | 退院する 퇴원하다 |
忙しい 바쁘다 | 言葉 말, 언어 | 通じる 통하다 | 離す 떼다, 놓다 | 〜にする ~로 하다 | 考える
생각하다

4

～ことにします

~(하)기로 하겠습니다

자신의 의지로 어떤 행동을 하기로 결정한 것을 나타내는 표현이에요. 동사 기본형이나 ない형에 연결해서 써요.

- 今日は早く寝ることにしました。
  오늘은 일찍 자기로 했습니다.

- 傘は持っていかないことにしました。
  우산은 가져가지 않기로 했습니다.

- どのサークルに入ることにしましたか。
  어느 동아리에 들어가기로 했나요?

- 今年はN1の試験を受けることにします。
  올해는 (JLPT) N1 시험을 보기로 하겠습니다.

- 食事の時はスマホを見ないことにしましょう。
  식사 때는 스마트폰을 보지 않기로 합시다.

- カレンダーに予定を書くことにすれば忘れません。
  달력에 일정을 쓰기로 하면 잊어버리지 않아요.

✓ Check

- 유사 표현으로 「～ことに決(き)めました」도 있는데, '~(하)기로 결정했습니다'라는 뜻이에요.

자기 의지와 상관없이, 혹은 자기 의지도 있지만 외부적인 이유를 강조할 때 쓰는 표현으로
「〜ことになります ~(하)게 됩니다」, 「〜ことになりました ~(하)게 되었습니다」가 있어요.

- 9時から6時まで勤務することになります。
  9시부터 6시까지 근무하게 됩니다.

- 来週、東京に出張することになりました。
  다음 주에 도쿄로 출장 가게 되었습니다.

스몰 토크 🎧 129

Ⓐ 今度、結婚することにしました。
  이번에 결혼하기로 했어요.

Ⓑ おめでとうございます。ところでどんな切っ掛けがあったんですか。
  축하해요. 그런데 어떤 계기가 있었나요?

Ⓐ 家が近くてコンビニで何度も会うことになって…。
  집이 가까워서 편의점에서 몇 번이나 만나게 되면서….

Ⓑ それはすごいですね。どうぞお幸せに。
  그거 굉장하네요. 부디 행복하세요.

Words 🎧 130

受ける 받다 | 試験を受ける 시험을 보다(치르다) | 勤務する 근무하다 | 出張する 출장 가다 |
結婚する 결혼하다 | ところで 그런데 | 切っ掛け 계기 | 何度も 몇 번이나 | すごい 굉장하다, 대단
하다 | どうぞ 아무쪼록, 부디 | お幸せに 행복하시기를 (바랍니다), 행복하세요

5

～にします
~로 하겠습니다, ~로 할게요

명사에 연결하는 표현으로, 여러 선택 사항 중에서 어느 한 가지를 정할 때 써요.

Ⓐ スニーカーはどの色がいいですか。
운동화는 어느 색이 좋아요?

Ⓑ その茶色のにします。
그 갈색 것으로 하겠습니다.

Ⓐ 食後のデザートはどうしましょうか。
식후의 디저트는 어떻게 할까요?

Ⓑ 私はアイスクリームにします。
저는 아이스크림으로 할게요.

Ⓐ 旅行は7月がいいですか。9月がいいですか。
여행은 7월이 좋아요? 9월이 좋아요?

Ⓑ 休みが多いから9月にしたいです。
쉬는 날이 많으니 9월로 하고 싶어요.

Ⓐ 先に夕食を食べますか。
먼저 저녁을 먹을까요?

Ⓑ お風呂の後にします。
목욕 후에 먹을게요.

✅ Check

- 「茶色(ちゃいろ)のにします」에서 「茶色(ちゃいろ)の」는 '갈색의 것', 즉 '갈색 운동화'를 뜻해요. 「の」는 소유 대명사인 '~의 것'이라는 의미예요.

「〜にします ~로 하겠습니다」의 의문형인 「〜にしますか ~로 하겠습니까?」의 앞에는 의문사를 붙여서 많이 사용해요.

- 今日の料理は何にしますか。 오늘의 요리는 무엇으로 하시겠습니까?

- 次の会議はいつにしますか。 다음 회의는 언제로 할까요?

- プレゼンの司会は誰にしましたか。 프레젠테이션 사회는 누구로 했습니까?

- 今年の新年会はどこにしましょうか。 올해 신년회는 어디로 할까요?

스몰 토크 🎧 133

Ⓐ お客様、お決まりでしょうか。*
손님, 정하셨습니까?

Ⓑ このシャツに合うネクタイはありますか。
이 셔츠에 어울리는 넥타이는 있나요?

Ⓐ こちらのネクタイにされたらお似合いですよ。*
이 넥타이로 하시면 잘 어울리실 거예요.

Ⓑ じゃあ、これにします。
그럼, 이걸로 하겠습니다.

＊ 정중한 표현

Words 🎧 134

先に 먼저 | 決まる 정해지다, 결정되다 | 合う 맞다, 적합하다 | 〜にされる ~로 하시다 (「〜にする ~로 하다」의 정중한 표현) | 〜されたら (される + たら) ~하시면 | 似合う 어울리다

음성을 잘 듣고 따라해 보세요.

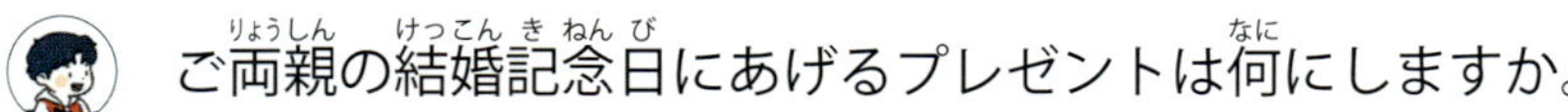
ご両親の結婚記念日にあげるプレゼントは何にしますか。

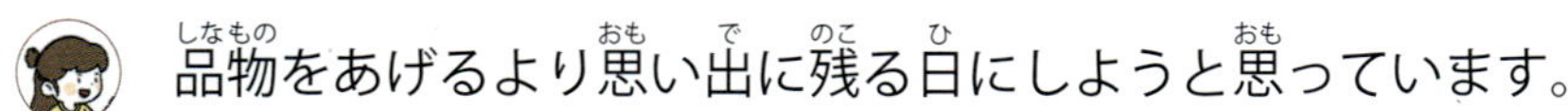
品物をあげるより思い出に残る日にしようと思っています。

それはいいですね。 どんなことをするんですか。

二人に旅行をプレゼントすることにしました。

すごいアイデアです！ご両親もきっと喜ぶでしょう。

これから行きたいところを聞かなくちゃなりません。

남　부모님 결혼 기념일에 드릴 선물은 무엇으로 할 거예요?
여　물건을 주는 것보다 추억으로 남는 날로 만들려고 해요.
남　그거 좋네요. 어떤 것을 할 건데요?
여　두 분에게 여행을 선물하기로 했어요.
남　굉장한 아이디어네요! 부모님도 분명히 좋아하실 거예요.
여　지금부터 가고 싶은 장소를 물어봐야 해요.

우리말을 참고하여 빈칸에 써 보세요.

ご両親の結婚記念日にあげるプレゼントは ___________ 。
무엇으로 할 거예요?

品物をあげるより思い出に残る ___________ 思っています。
날로 만들려고

それはいいですね。 どんなことをするんですか。

二人に旅行を ___________ 。
선물하기로 했어요

すごいアイデアです！ご両親もきっと喜ぶでしょう。

これから行きたいところを聞かなくちゃなりません。

Words 🎧136

両親 부모 ｜ 〜より ~보다 ｜ 思い出 추억 ｜ 残る 남다 ｜ プレゼントする 선물하다 ｜ きっと 분명히, 틀림없이 ｜ 喜ぶ 즐거워하다

의견, 생각

음성 듣기

강의 보기

학습 자료

이 과에서 배울 표현

① ～んじゃないでしょうか

② ～ように思います

③ ～べきです

1 ～んじゃないでしょうか

~지 않을까요?

'~인 게 아닐까요, ~지 않을까요?' 하고 의문형으로 쓰지만, 정중하게 자신의 의견을 말하는 표현이에요. 「～のではないでしょうか ~인 것은 아닐까요?」에서 「～のでは」를 회화에서는 「～んじゃ」로 많이 써요. な형용사와 명사는 「～なんじゃないでしょうか」 형태로 써요.

- 今の時間は車が混んでいるんじゃないでしょうか。
  지금 시간은 차가 밀리지 않을까요?

- 卒業式に親が来なくてもいいんじゃないでしょうか。
  졸업식에 부모가 오지 않아도 되지 않을까요?

- Ⓐ 田中さんはいつも朝が早いですね。
  다나카 씨는 항상 아침 일찍 나가시네요.

  Ⓑ 多分、仕事が忙しいんじゃないでしょうか。
  아마 일이 바쁜 게 아닐까요?

- Ⓐ この店はいつも人が並んでいます。
  이 가게는 항상 사람이 줄 서 있어요.

  Ⓑ そうですね。有名なんじゃないでしょうか。
  그러게요. 유명한 게 아닐까요?

✅ Check

- 회화에서는 「混(こ)んでいる」를 「混(こ)んでる」라고 축약해서 많이 써요.

- 道が混んでますね。
  길이 막히네요.

「〜んじゃないでしょうか ~지 않을까요?」는 부정형 「ない」가 들어가기 때문에 말의 의미를 오해할 가능성이 있으니 확실하게 의견을 전하려면 「〜だと思います ~라고 생각해요」, 「〜です ~입니다」 또는 「〜ます ~(합)니다」를 쓰는 게 좋아요.

● もっと勉強した方がいいんじゃないでしょうか。
좀 더 공부하는 게 좋지 않을까요?

➡ もっと勉強した方がいいです。
좀 더 공부하는 게 좋아요.

Ⓐ そろそろ出発しましょうか。　슬슬 출발할까요?

Ⓑ まだ早いんじゃないでしょうか。　아직 이르지 않을까요?

Ⓐ 道路が混むかもしれません。　도로가 혼잡할지도 몰라요.

Ⓑ じゃ、行きましょう。　그럼, 가요.

混む 붐비다, (길이, 차가) 막히다, 밀리다 ｜ 多分 아마 ｜ 並ぶ 줄을 서다, 늘어서다 ｜ そろそろ (이제) 슬슬 ｜

〜かもしれない 〜할지도(일지도) 모른다

2

～ように思^{おも}います

~것 같아요

자신의 생각이나 느낌을 말할 때 쓰는 표현이에요. 유사한 표현으로 「～ような気^きがします ~것 같은 생각(느낌)이 들어요」, 「～ような感^{かん}じがします ~것 같은 느낌이 들어요」가 있어요.

- ここは他^{ほか}の店^{みせ}よりおいしいように思^{おも}います。
  여기는 다른 가게보다 맛있는 것 같아요.

- その方法^{ほうほう}は少^{すこ}し無理^{むり}なように思^{おも}います。
  그 방법은 좀 무리인 것 같아요.

- 彼^{かれ}は優^{やさ}しい人^{ひと}のように思^{おも}います。
  그는 상냥한 사람인 것 같아요.

- 今日^{きょう}の会議^{かいぎ}は長^{なが}くなるような気^きがします。
  오늘 회의는 길어질 것 같아요.

- ちょっと道^{みち}を間違^{まちが}えたような気^きがします。
  좀 길을 잘못 들어선 것 같은 느낌이 들어요.

- こんなことを言^いっては失礼^{しつれい}なような感^{かん}じがします。
  이런 것을 말씀드리면 좀 실례인 듯한 느낌이 들어요.

✅ Check

- 모든 품사의 보통형(반말체)에 연결되는데, な형용사의 현재형인 경우에는 「어간 + なように」, 명사는 「～のように」의 형태로 써요.

  · 便利^{べんり}なように
    무리인 것 같이
  · 優^{やさ}しい人^{ひと}のように
    상냥한 사람인 것 같이

- い형용사 어간 + くなる
  ~해지다, ~어지다

「〜ように思う ~것 같다」에서 문장 끝의 「思う 생각하다」 대신 「思える 생각되다」나 「見える 보이다」
를 쓸 수도 있어요.

- 故郷の町もずいぶん変わったように思えます。
  고향 마을도 많이 변한 것 같아요.

- 今度のことがとてもショックだったように見えます。
  이번 일이 매우 충격이었던 것으로 보여요.

스몰 토크   🎧 143

Ⓐ この建物は新しくなったように思います。　이 건물은 새로워진 것 같아요.

Ⓑ はい。去年修理しました。　네. 작년에 수리했어요.

Ⓐ 新しく建てたような感じがします。　새로 지은 것 같은 느낌이 들어요.

Ⓑ きれいになりましたね。　깨끗해졌죠.

Words   🎧 144

他の 다른 | 優しい 상냥하다, 다정하다 | 長くなる 길어지다 | 間違える 틀리다, 잘못 알다 | 失礼だ
실례다, 무례하다 | 気 기운, 기분 | 感じ 느낌 | ずいぶん 대단히, 몹시 | 変わる 변하다, 바뀌다 | 修理
する 수리하다 | 建てる 세우다, 짓다 | きれいになる 깨끗해지다, 예뻐지다

3

～べきです

~(해)야 합니다, ~(해)야 해요

반드시 해야 한다고 말할 때 쓰는 표현으로, 동사 기본형에 연결해서 써요. 확장된 표현으로 「～べきだと思います ~(해)야 한다고 생각해요」, 「～べきではないと思います ~(하)면 안 된다고 생각해요」, 「～べきではないでしょうか ~(해)야 하지 않을까?」가 있어요.

- 悪いことをしたらすぐ謝るべきです。
  나쁜 일을 저질렀다면 바로 사과해야 해요.

- パスポートを失くしたら大使館に行くべきです。
  여권을 분실했다면 대사관에 가야 해요.

- 重い荷物はカウンターに預けるべきだと思います。
  무거운 짐은 카운터에 맡겨야 한다고 생각해요.

- 子どもの前ではタバコを吸うべきではないです。
  아이 앞에서는 담배를 피워서는 안 됩니다.

- Ⓐ 健康に過ごすために何をすればいいですか。
  건강하게 지내기 위해서 무엇을 하면 되나요?

- Ⓑ 毎日運動をすべきではないでしょうか。
  매일 운동을 해야 하지 않을까요?

✅ Check

- 「する 하다」는 「するべきだ」, 「すべきだ」 모두 가능해요.
- 運動をするべきだ。（○）
- 運動をすべきだ。（○）
  운동을 해야 한다.

「〜べき」는 입장이나 책임상 어떤 행동을 하는 것이 마땅하다(바람직하다)고 생각될 때 써요.
의무 표현인 「〜なければならない ~하지 않으면 안 된다, ~해야 한다」와는 뉘앙스가 약간 달라요.

- 専門家が調査するべきです。
  전문가가 조사해야 합니다.〈마땅함, 바람직함〉

- 専門家が調査しなければなりません。
  전문가가 조사해야 합니다.〈다른 선택지가 없음〉

스몰 토크   🎧 147

Ⓐ 自転車の事故が多いですね。
  자전거 사고가 많군요.

Ⓑ 自転車に乗る人も交通ルールを守るべきです。
  자전거를 타는 사람도 교통 규칙을 지켜야 해요.

Ⓐ 歩く人も気をつけるべきだと思いますが。
  걸어가는 사람(보행자)도 조심해야 한다고 생각하는데요.

Ⓑ 自転車の方が注意しなければなりません。
  자전거 쪽이 더 주의해야 해요.

Words   🎧 148

悪い 나쁘다 | すぐ 곧, 바로 | 謝る 사과하다 | 失くす 분실하다 | 重い 무겁다 | 過ごす 지내다,
보내다 | 〜ために ~기 위해서 | 調査する 조사하다 | 守る 지키다 | 注意する 주의하다

음성을 잘 듣고 따라해 보세요.

喧嘩した時は後でメールでも送ったらどうでしょうか。

約束を忘れたのは僕だから先に謝るべきですね。

そうですね。

先に謝れば友だちも分かってくれるように思います。

返事が来なかったらどうしましょうか。

あまり急がないで来るまで待っていた方がいいんじゃないでしょうか。

時間が解決するという言葉もありますね。

여 싸웠을 때는 나중에 문자 메시지라도 보내면 어때요?
남 약속을 잊어버린 건 나니까 먼저 사과해야겠죠?
여 그렇죠. 먼저 사과하면 친구도 이해해 줄 것 같아요(이해해 줄 거라 생각해요).
남 답장이 오지 않으면 어떻게 하죠?
여 너무 서두르지 말고 답장이 올 때까지 기다리는 게 좋지 않을까요?
남 시간이 해결해 준다는 말도 있죠.

우리말을 참고하여 빈칸에 써 보세요.

喧嘩した時は後でメールでも送ったらどうでしょうか。

約束を忘れたのは僕だから先に ＿＿＿＿＿＿＿＿＿＿。
사과해야겠죠?

そうですね。

先に謝れば友だちも ＿＿＿＿＿＿＿＿＿＿。
이해해 줄 것 같아요(이해해 줄 거라 생각해요)

返事が来なかったらどうしましょうか。

あまり急がないで来るまで待っていた方が

＿＿＿＿＿＿＿＿＿＿。

좋지 않을까요?

時間が解決するという言葉もありますね。

Words 🎧150

喧嘩(けんか)する 싸우다, 다투다 | メール 메일, 문자 메시지 | 僕(ぼく) 나 (남자가 자신을 지칭하는 말) | くれる 주다 |
〜てくれる 〜(해) 주다 | 返事(へんじ) 대답, 답장, 답신 | 解決(かいけつ)する 해결하다, 해결되다

추측, 예상

음성듣기

강의 보기

학습 자료

1. ～だろうと思います
2. ～かもしれません
3. ～はずです
4. ～そうです
5. ～ようです / ～みたいです
6. ～らしいです

1

～だろうと思います

~것이라고 생각해요

추측을 나타낼 때 쓰는 표현이에요. 「～と思います ~라고 생각해요」보다 확신의 강도가 높아요.

- 明日は多分雨が止むだろうと思います。
  내일은 아마 비가 그칠 것 같아요.

- 今度のテストはそんなに難しくないだろうと思います。
  이번 테스트는 그다지 어렵지 않을 거라고 생각해요.

- あの店は休みだろうと思います。
  그 가게는 휴무일 거라고 생각해요.

- Ⓐ 今から急いで行けば乗れるでしょう。
  지금부터 서둘러 가면 탈 수 있을 거예요.

  Ⓑ もう無理だろうと思いますよ。
  이제는 무리인 것 같아요.

- Ⓐ 車で何分ぐらいかかりますか。
  차로 몇 분쯤 걸릴까요?

  Ⓑ 10分ぐらいで着くだろうと思います。
  10분 정도면 도착할 거라고 생각해요.

✓ Check

- 가정형 「～ば ~(하)면」와 동사의 가능형 활용 방법은 186~187p를 참고하세요.

- 회화에서는 「～だろうと ~것이라고」 대신 「～んじゃないかと ~게 아닐까 하고, ~지 않을까 하고」를 사용할 때도 많아요.

- 雨が止むだろうと
  비가 그칠 거라고
- 雨が止むんじゃないかと
  비가 그치지 않을까 하고

부정으로 표현하려면 「〜ないだろうと思います ~(하)지 않을 거라고 생각해요」라고 쓰면 돼요.

- 明日は雨が降らないだろうと思います。
  내일은 비가 오지 않을 거라고 생각해요.

- あの人は来ないだろうと思います。
  그 사람은 오지 않을 거라고 생각해요.

스몰 토크 🎧 **153**

Ⓐ 夏休みはいつからですか。
여름 방학은 언제부터예요?

Ⓑ 7月25日からだろうと思います。
7월 25일부터일 거라고 생각해요.

Ⓐ 何か計画はありますか。
뭔가 계획은 있어요?

Ⓑ 多分、ずっとアルバイトをするだろうと思います。
아마 쭉 아르바이트를 할 것 같아요.

Words 🎧 **154**

そんなに 그다지, 그렇게 ｜ ずっと 쭉, 계속

2

～かもしれません

~지도 몰라요, ~수도 있어요

막연한 추측이나 가능성을 나타낼 때 쓰는 표현이에요.

- 後で電話が来るかもしれません。
  이따 전화가 올지도 몰라요.

- 仕事が忙しくて会えなかったかもしれません。
  일이 바빠서 못 만났을지도 몰라요.

- 友だちは大学に行かないかもしれません。
  친구는 대학에 가지 않을지도 몰라요.

- 今年の冬は去年より寒いかもしれません。
  올겨울은 작년보다 추울지도 몰라요.

- 雑誌に紹介された店はおいしいかもしれません。
  잡지에 소개된 가게는 맛있을지도 몰라요.

- 先生の趣味はゴルフかもしれません。
  선생님의 취미는 골프일지도 몰라요.

✓ Check

- 「～かもしれません」앞에는 「ひょっとして 어쩌면, 혹시」, 「もしかしたら 어쩌면」등의 부사가 오는 경우가 많아요.

- 明日はひょっとして雨が降るかもしれません。
  내일은 어쩌면 비가 올지도 몰라요.

- もしかしたら物価がもっと上がるかもしれません。
  어쩌면 물가가 더 오를지도 몰라요.

「〜かもしれません ~지도 몰라요」은 자신의 행동에 대해 겸손하게 말하거나 비즈니스 상에서 인사말처럼 쓰는 경우도 있어요. 경어 표현은 다음에 익히기로 하고 우선 참고만 해 두세요.

- まだ未熟かもしれませんが、よろしくお願いします。
  아직 미숙할 수도 있지만, 잘 부탁드리겠습니다.

- ご迷惑をおかけするかもしれませんが、よろしくご指導ください。
  폐를 끼칠 수도 있겠습니다만, 잘 지도해 주십시오.

스몰 토크　🎧 157

Ⓐ 明日は来られますか。
　내일은 올 수 있나요?

Ⓑ ちょっと仕事が忙しくて行けないかもしれません。
　일이 좀 바빠서 못 갈 수도 있어요.

Ⓐ もし来られるようでしたら連絡ください。
　혹시 올 수 있을 것 같으면 연락 주세요.

Ⓑ 分かりました。早く終われば行けるかもしれません。
　알겠습니다. 빨리 끝나면 갈 수 있을지도 몰라요.

Words　🎧 158

未熟だ 미숙하다 ｜ 迷惑 폐, 민폐 ｜ かける (걱정, 번거로움, 수고를) 끼치다

3

～はずです

~(할) 거예요, ~을 거예요, ~일 거예요

'어떤 사실이나 상황상 당연히(분명히) 이럴 것이다'라고 추측할 때 쓰는 표현이에요.

- 彼は今日来るはずです。
  그는 오늘 올 거예요.

- 雨が止んだからもうすぐ試合が始まるはずです。
  비가 그쳤으니 이제 곧 경기가 시작될 거예요.

- 課長は10時の新幹線に乗ったはずです。
  과장님은 10시 신칸센을 탔을 거예요.

- カバンにケータイを入れたはずでしたが、
  ありません。
  가방에 핸드폰을 넣었을 텐데, 없습니다.

- この映画は原作がいいから、きっと面白い
  はずです。
  이 영화는 원작이 좋으니 분명 재미있을 거예요.

- この公園は明るくて人が多いから、安全な
  はずです。
  이 공원은 밝고 사람이 많아서 안전할 거예요.

✓ Check

- 모든 품사의 보통형(반말체)에 연결되는데, な형용사의 현재형인 경우에는 「어간 + なはずだ」, 명사는 「～のはずだ」의 형태로 써요. 단, な형용사 중 「同(おな)じだ 같다」는 어간 뒤에 바로 연결해요.

- 便利なはずだ。 편리할 거다.
- 先生のはずだ。 선생님일 거다.
- 同じはずだ。 같을 거다.

확장된 표현으로 「〜はずがない ~할 리가 없다」, 「〜はずがありません ~할 리가 없어요」이 있어요. 어떤 사실을 근거로 '그럴 가능성이 없다'라고 할 때 써요.

- こんなに天気がいいのに、雨が降るはずがない。
  이렇게 날씨가 좋은데 비가 올 리가 없어.

- 彼は出張中だから、今日の会議に来るはずがありません。
  그는 출장 중이니까 오늘 회의에 올 리가 없어요.

스몰 토크 🎧 161

Ⓐ どこか遊びに行きませんか。
  어딘가 놀러 가지 않을래요?

Ⓑ 来週は試験があるはずだから勉強しなきゃ…。
  다음 주에는 시험이 있을 거라서 공부해야 돼요.

Ⓐ 一日ぐらい遊んでも試験に落ちるはずがないでしょう。
  하루 정도 놀아도 시험에 떨어질 리가 없지 않아요?

Ⓑ 今度の試験はそんなに簡単なはずがありません。
  이번 시험은 그렇게 쉬울 리가 없어요.

Words 🎧 162

試合 시합, 경기 ｜ 始まる 시작되다 ｜ 明るい 밝다 ｜ 安全だ 안전하다 ｜ 便利だ 편리하다 ｜ こんなに 이토록, 이렇게 ｜ 落ちる 떨어지다

4

～そうです

~일 것 같아요, ~해 보여요

직접 눈앞에 보이는 사물이나 현상을 직관적으로 추측하거나 앞으로 일어날 것 같은 가능성을 직감적으로 말할 때 쓰는 표현이에요. 동사 ます형, い형용사・な형용사의 어간에 연결해서 쓰며 명사에는 쓰지 않아요. 부정문을 만드는 방법도 함께 기억해 두세요.

- 雨が降りそうなので傘を持っていきます。
  비가 올 것 같으니 우산을 가져 가겠습니다.

- すみません。約束した時間より少し遅れそうです。
  미안합니다. 약속 시간보다 좀 늦을 것 같습니다.

- パーティーの写真、とても楽しそうですね。
  파티 사진, 무척 즐거워 보이네요.

- この町はとても賑やかそうに見えます。
  이 마을은 아주 활기차게 보여요.

- この料理は簡単に作れそうにないです。
  이 요리는 쉽게 만들 수 없을 것 같아요.

- タクシーはまだ来そうにありません。
  택시는 아직 올 것 같지 않습니다.

✓ Check

- 남의 말을 전할 때 쓰는 「～そうだ ~라고 한다」와 구별하세요. 이 때는 모든 품사의 보통형(반말체)과 연결해서 사용해요.

  - 雨が降るそうだ。
    비가 내린다고 한다.
  - 楽しいそうだ。
    즐겁다고 한다.
  - 賑やかだそうだ。
    활기차다고 한다.
  - 先生だそうだ。
    선생님이라고 한다.

- 「～そうにない ~것 같지 않다」, 「～そうにありません ~것 같지 않습니다」으로 부정 표현을 만들어요.

추측의 「～そうだ」를 「いい / よい」, 「ない」와 연결할 때는 다음과 같은 형태로 써요.

「いい / よい 좋다」 → 「よさそうだ 좋은 것 같다」,

「ない 없다, 않다」 → 「なさそうだ 없는(않는) 것 같다」

따라서 형용사의 부정의 추측 형태는 다음과 같이 활용해요.

「～じゃ(では)ない → ～じゃ(では)なさそうだ」, 「～くない → ～くなさそうだ」

- サルが温泉に入ってとても気持ちよさそうです。
  원숭이가 온천에 들어가서 너무 기분이 좋은 것 같아요.

- チーズケーキはあまり好きじゃなさそうですね。
  치즈 케이크는 별로 좋아하지 않는 것 같네요.

Ⓐ これは私が作りました。 이건 제가 만들었어요.

Ⓑ わー、おいしそうですね。 와~ 맛있어 보이네요.

Ⓐ 田中さんが作るカレーはもっとおいしいそうです。*
   다나카 씨가 만드는 카레는 더 맛있다고 해요.

Ⓑ どちらも食べてみたいです。 둘 다 먹어 보고 싶어요.

   * 보통형 + そうだ: ～라고 한다 [전문]

約束する 약속하다 | 楽しい 즐겁다 | 気持ち 기분, 마음 | どちらも 어느 쪽이나, 둘 다

5

～ようです / ～みたいです

~인 것(한 것) 같아요, ~인(한) 모양이에요

자신이 직접 보고 들은 정보를 근거로 하여 판단하는 추측 표현이에요. 동일한 뜻을 가진 표현인
「～みたいです」는 주로 회화에서 많이 써요.

- Ⓐ ホームに人(ひと)がたくさんいますね。
  플랫폼에 사람이 많이 있네요.

  Ⓑ 電車(でんしゃ)が遅(おく)れているようです。
  전철이 지연되고 있는 것 같아요.

- 雪(ゆき)が降(ふ)っているようだから手袋(てぶくろ)をして出(で)かけ
  てください。
  눈이 내리고 있는 것 같으니 장갑을 끼고 나가세요.

- 明日(あした)は朝早(あさはや)いから今日(きょう)は先(さき)に帰(かえ)ったようです。
  내일은 아침 일찍 나와야 하기 때문에 오늘은 먼저 들어간 것
  같아요.

- 疲(つか)れているみたいだから無理(むり)しないでください。
  피곤한 것 같으니 무리하지 마세요.

- 毎日運動(まいにちうんどう)するのが体(からだ)にいいみたいです。
  매일 운동하는 것이 몸에 좋은 것 같아요.

✅ Check

- ✅ 모든 품사의 보통형(반말체)에 연결되는데, な형용사의 현재형인 경우에는 「어간+なようだ」, 명사는 「～のようだ」의 형태로 써요.

  ・便利(べんり)なようだ。
  편리한 것 같다.
  ・先生(せんせい)のようだ。
  선생님인 것 같다.

- ✅ 「～みたいだ」는 な형용사 어간과 명사에 바로 연결해요.

  ・便利(べんり)みたいだ。
  편리한 것 같다.
  ・先生(せんせい)みたいだ。
  선생님인 것 같다.

추측 표현인 「そうだ・ようだ」가 헷갈리실 땐 이것만 기억하세요.

「〜そうだ」는 추측의 근거가 나로부터 나올 때!
「〜ようだ」는 추측의 근거가 외부로부터 나올 때!

▲ 참고 영상

스몰 토크 🎧 168

Ⓐ あの店は人が、いっぱい並んでいますね。
저 가게는 사람이 많이 줄 서 있네요.

Ⓑ ネットでもほめる人が多いから料理がおいしいようです。
인터넷에서도 칭찬하는 사람이 많은 걸 보니 요리가 맛있나 봐요.

Ⓐ 隣の店も有名なようですけど人は少ないですね。
그 옆집도 유명한 것 같은데 사람은 적네요.

Ⓑ じゃ、あの店に行ってみましょうか。
그럼 저 가게에 가 볼까요?

Words 🎧 169

出かける 외출하다, 나가다 ｜ ほめる 칭찬하다 ｜ 隣 옆, 이웃 ｜ 少ない 적다

6

～らしいです

~인 것(한 것) 같아요, ~라는 것 같아요, ~래요

보거나 전해 들은 내용을 근거로 판단하거나 추측하는 표현이에요. 단정을 피하는 책임 회피의 뉘앙스가 있어요.

- 来年から市の名前が変わるらしいです。
  내년부터 시의 이름이 바뀐다는 것 같아요.

- まだ決まっていませんが、交通費が上がるらしいです。
  아직 정해지지 않았지만 교통비가 오른다는 것 같아요.

- 世界大会で韓国チームが初めて勝ったらしいです。
  세계 대회에서 한국 팀이 처음으로 이겼다는 것 같아요.

- 今度のパソコンは機能が増えて価格は安いらしいです。
  이번에 나온 컴퓨터는 기능이 늘고 가격은 싸다는 것 같아요.

- そのマンションは駅が近いのに静からしいです。
  그 아파트는 역이 가까운데도 조용하다는 것 같아요.

- 彼女は2年前までアナウンサーだったらしい。
  그녀는 2년 전까지 아나운서였다는 것 같다.

✅ Check

- 모든 품사의 보통형(반말체)에 연결되는데, な형용사의 현재형인 경우에는 「어간 + らしい」, 명사에는 바로 연결해요.

- 静からしい。
  조용한 것 같다.
  조용하다는 것 같다.

- アナウンサーらしい。
  아나운서인 것 같다.
  아나운서라는 것 같다.

- 「マンション 맨션」은 한국의 아파트에 해당하는데 규모는 한국보다 작은 편이에요.

또 다른 의미의 「명사 + らしい ~답다」도 참고로 익혀 두세요.

- 小学生の子どもらしい答えに笑ってしまいました。
  초등학생의 어린이다운 대답에 웃어 버렸습니다.

- 街にはケーキを売る店が出てクリスマスらしい音楽も聞こえます。
  거리에는 케이크를 파는 가게가 나오고 크리스마스다운 음악도 들립니다.

스몰 토크 🎧 172

Ⓐ テレビで見ましたが、今年は台風が多いらしいです。
  TV에서 봤는데요, 올해는 태풍이 많다는 것 같아요.

Ⓑ それは困りましたね。 그거 곤란하네요.

Ⓐ 夏も去年より暑いらしいですよ。 여름도 작년보다 덥대요.

Ⓑ それも温暖化でしょうか。 그것도 온난화인가요?

Words 🎧 173

上がる 오르다 | 勝つ 이기다 | 笑う 웃다 | 聞こえる 들리다 | 困る 곤란하다, 난처하다

음성을 잘 듣고 따라해 보세요.

すみません。先日お送りしたサンプルが着いていないと聞きまして。

あ、はい。1週間前に着くはずでしたがまだ来ていません。

倉庫で何か問題が起きたかもしれません。

今頃は交通が混雑する時期らしいですが遅すぎますから。

はい。すぐ調査して今日中に連絡いたします。

よろしくお願いします。

남　죄송합니다만 일전에 보내드린 샘플이 도착하지 않았다고 들었는데요.
여　아, 네. 1주일 전에 도착했어야 하는데 아직 도착하지 않았습니다.
남　창고에서 무슨 문제가 생겼을지도 모르겠습니다.
여　이맘때는 교통이 혼잡한 시기라는 것 같지만, (그래도) 너무 늦어서요.
남　네. 바로 조사해서 오늘 중으로 다시 연락드리겠습니다.
여　잘 부탁드리겠습니다.

우리말을 참고하여 빈칸에 써 보세요.

すみません。先日お送りしたサンプルが着いていないと聞きまして。

あ、はい。1週間前に ＿＿＿＿＿＿＿ まだ来ていません。
도착했어야 하는데

倉庫で何か問題が ＿＿＿＿＿＿＿。
생겼을지도 모르겠습니다

今頃は交通が混雑する ＿＿＿＿＿＿＿
시기라는 것 같지만

遅すぎますから。

はい。すぐ調査して今日中に連絡いたします。

よろしくお願いします。

Words 🎧 175

先日 요전, 일전 | お送りする 보내드리다, 「送る 보내다」의 겸손한 표현 | 今頃 지금쯤, 이맘때 | 混雑する 혼잡하다, 붐비다 | 遅すぎる 너무 늦다(느리다) | 連絡いたす 연락드리다, 「連絡する 연락하다」의 겸손한 표현

후회, 회고

음성 듣기

강의 보기

학습 자료

① 〜とは思いませんでした

② 〜つもりでした

③ 〜ばよかった / 〜なければよかった

④ 〜たのに

1

～とは思^{おも}いませんでした

~것이라고는 생각 못했어요, ~줄은 몰랐어요

예상 못했던 상항이나 결과에 대해 말할 때 쓰는 표현이에요. 의외임을 강조하기 위하여 「まさか 설마」, 「こんなに 이렇게」, 「そんなに 그렇게」 등의 부사를 사용할 때가 많아요.

- まさかこんなことになるとは思^{おも}いませんでした。
  설마 이렇게 될 줄은 몰랐어요.

- 試験^{しけん}に漢字^{かんじ}の問題^{もんだい}が出^でるとは思^{おも}いませんでした。
  시험에 한자 문제가 나올 줄은 몰랐어요.

- 親^{おや}がこんなに苦労^{くろう}しているとは思^{おも}いませんでした。　부모님이 이렇게 고생하시고 있을 줄은 몰랐어요.

- 旅行^{りょこう}のカバンがこんなに重^{おも}いとは思^{おも}いませんでした。　여행 가방이 이렇게 무거울 줄은 몰랐어요.

- 行^いかないとは思^{おも}わなかったのでチケットを予約^{よやく}してしまった。
  안 갈 거라고는 생각 못했기 때문에 티켓을 예약해 버렸다.

- 世^よの中^{なか}にそんな不幸^{ふこう}な人^{ひと}がいるとは思^{おも}いませんでした。
  세상에 그런 불행한 사람이 있으리라고는 생각 못했어요.

✓ Check

- 후회뿐 아니라, 예상하지 못했던 상황에 대해 다양하게 써요.

- 休^{やす}みだとは思^{おも}わなかった。
  쉬는 날인 줄은 몰랐어.

플러스 팁 🎧 177

회화에서는 「〜とは」 대신에 「〜なんて ~이라니, ~하다니」를 쓰기도 해요. 「思いませんでした」 대신에 「思ってもみませんでした 생각해 보지도 못했어요」를 쓰면 강조하는 표현이 돼요. 또 뒷말을 생략하기도 해요.

- まさかこんなことになるなんて、思ってもみませんでした。
  설마 이렇게 될 줄은 생각도 못했어요.

- 世の中にそんな不幸な人がいるなんて…。
  세상에 그런 불행한 사람이 있을 줄이야….

스몰 토크 🎧 178

Ⓐ 引っ越し、お疲れさまでした。
이사 하느라 고생하셨어요.

Ⓑ まさか3時間で終わるとは思いませんでした。田中さんのおかげです。
설마 세 시간 만에 끝날 줄은 몰랐어요. 다나카 씨 덕분이에요.

Ⓐ いいえ。でも部屋が思ったより広いですね。
아니에요. 근데 방이 생각보다 넓네요.

Ⓑ 私もこんなに広いとは思いませんでした。
저도 이렇게 넓을 줄은 몰랐어요.

Words 🎧 179

〜になる ~이/가 되다 ｜ 苦労する 고생하다 ｜ 重い 무겁다 ｜ 世の中 세상 ｜ 不幸だ 불행하다 ｜
引っ越し 이사 ｜ 思ったより 생각보다, 생각한 것 보다

2

～つもりでした

~(할) 생각이었어요

어떤 행동을 실행할 생각이었는데 이루어지지 못했을 때 쓰는 표현이에요.

- 電車が遅れなければ30分前には着くつもりでした。
  전철이 늦지 않으면 30분 전에는 도착할 생각이었어요.

- 昨日は寝ないでレポートを書くつもりでしたが。
  어제는 잠을 안 자고 리포트를 쓸 생각이었는데요.

- もう二度とゲームはしないつもりだったのに、つい…。
  이제 다시는 게임은 안 하려고 했는데 나도 모르게 그만….

- Ⓐ 一体どういうつもりですか。
  도대체 무슨 생각이세요?

- Ⓑ すみません。こんなことをするつもりはありませんでした。
  죄송해요. 이런 일을 저지를 생각은 없었어요.

- Ⓐ せっかくの機会だったのに中止になりましたね。　모처럼의 기회였는데 취소되었네요.

- Ⓑ 彼女に会うつもりで一生懸命準備をしてきたんですが…。
  여자 친구를 만날 생각으로 열심히 준비를 해 왔는데요….

✓ Check

- ☑ 의도와 다른 결과가 나왔을 때 쓰기 때문에 변명하는 뉘앙스가 있어요.

- ☑ 「～つもりはなかった ~(할) 생각은 없었어」, 「～つもりはありませんでした ~(할) 생각은 없었어요」도 함께 기억해 두세요.

예문에서 본 것처럼 '~(할) 생각은 없었어요'라고 할 때는 「~つもりはありませんでした」를 써요. 그러면 '~(하)지 않을 생각이었어요', '~(할) 생각은 아니었어요'라고 할 때는 어떻게 표현할까요? 다음 예문을 참고하세요.

- 会うつもりでした。　만날 생각이었습니다.

- 会わないつもりでした。　만나지 않을 생각이었습니다.

- 会うつもりじゃありませんでした。　만날 생각은 아니었습니다.

Ⓐ 昨日は映画を見に行ったんですか。
어제는 영화를 보러 갔나요?

Ⓑ ええ。映画を見る前に食事するつもりでしたが…。
네. 영화를 보기 전에 식사를 할 생각이었는데….

Ⓐ 食事はできなかったんですか。
식사는 못했나요?

Ⓑ そうなんです。早く着くつもりでしたが、電車が遅れました。
맞아요. 일찍 도착하려고 했었는데, 전철이 지연됐어요.

つい 무심결에, 그만 | 一体 대체, 도대체 | せっかく 모처럼, 애써 | 中止になる 중지(취소)가 되다 |
一生懸命 열심히 | 食事する 식사하다 | できる 할 수 있다 | できない 못하다

3

～ばよかった /
～なければよかった

~(했)으면 좋았을 텐데, ~(할)걸 / ~(하)지 않았으면 좋았을 텐데, ~(하)지 말걸

「～ばよかった」는 하지 않은 일을 후회할 때 쓰고, 「～なければよかった」는 이미 해 버린 일을 후회할 때 쓰는 표현이에요.

- もっと勉強しておけばよかった。
  좀 더 공부해 둘걸 그랬어.

- 彼に相談すればよかった。
  그에게 상의할걸 그랬어.

- 安い時にたくさん買っておけばよかった。
  가격이 쌀 때 많이 사 두면 좋았을 텐데.

- 休みだとは思わなかった。行く前に電話すれ
  ばよかった。
  쉬는 날인 줄은 몰랐어. 가기 전에 전화해 둘걸 그랬어.

- あんなこと言わなければよかった。
  그런 말 하지 말걸.

- こんなに混むなんて。タクシーに乗らなけれ
  ばよかった。
  이렇게 밀릴 줄이야. 택시를 타지 말걸.

⊘ Check

- 가정을 나타내는 「～ば ～(하)면」의 활용 방법은 187p를 참고하세요.

- 회화에서는 「言(い)わなきゃ よかった 말하지 말걸」이라는 표현도 많이 써요.

- 회화에서는 다음과 같은 표현도 많이 써요.
  - 勉強しておきゃよかった。
    공부해 둘걸 그랬어.
  - 相談すりゃよかった。
    상의할걸 그랬어.
  - 言わなきゃよかった。
    말하지 말걸 그랬어.
  - 乗らなきゃよかった。
    타지 말걸 그랬어.

「よかった 좋았다」 대신에 「うまくいった 잘됐다」, 「間に合った 제시간에 맞췄다, 늦지 않았다」 등과 같이 구체적인 결과를 가정해서 말할 수도 있어요.

- 他の人が協力してくれればうまくいったでしょう。
  다른 사람이 협력해 줬으면 잘됐을 거예요.

- もっと早く出れば間に合ったと思います。
  좀 더 일찍 나왔더라면 늦지 않았을 거예요.

Ⓐ 朝、何も食べなくてお腹が空きました。
  아침에 아무것도 먹지 않아서 배가 고파요.

Ⓑ パンでも食べればよかったのに。
  빵이라도 먹으면 좋았을 텐데.

Ⓐ 時間がなくて…。おにぎりでも買えばよかったです。
  시간이 없어서…. 삼각김밥이라도 살걸 그랬어요.

Ⓑ 昼ご飯は早く食べましょう。
  점심은 일찍 먹읍시다.

～ておく ~(해) 두다 ｜ 協力する 협력(협조)하다 ｜ ～てくれる ~(해) 주다 ｜ お腹 배(신체) ｜ 空く (속이) 비다 ｜ お腹が空く 배가 고프다

4

〜たのに

~었·았는데, ~했는데

예상과 다르게 나쁜 결과가 나왔을 때, 아쉬움을 나타내는 표현이에요.

- 傘を忘れました。雨が降るのは分かっていたのに。
  우산을 (집에) 두고 왔어요. 비가 내리는 건 알고 있었는데.

- 大学受験に落ちました。成績は悪くなかったのに。
  대학 입시에서 떨어졌어요. 성적은 나쁘지 않았는데.

- バスが来なくて遅れた。早く家を出たのに。
  버스가 오지 않아서 늦었다. 일찍 집을 나섰는데.

- 今日、デートをドタキャンされた。すごく楽しみにしてたのに。
  오늘 데이트를 갑자기 취소당했다. 엄청 기대하고 있었는데.

- 彼女と別れることにした。あんなに愛していたのに。
  그녀와 헤어지기로 했다. 그토록 사랑했었는데.

- 子供の頃の写真を失くしてしまった。大切だったのに。
  어린 시절의 사진을 잃어버렸다. 소중했는데.

✅ Check

- 「〜ていたのに」를 회화에서는 줄여서 「〜てたのに」로 말하기도 해요.

  ・分かっていたのに。
  　分かってたのに。
  　알고 있었는데.

- 「ドタキャン」은 약속 시간 직전에 갑자기 취소하는 것을 뜻해요.

「〜たのに」는 '후회'나 '아쉬움'뿐 아니라 앞뒤 문장을 '~는데, ~지만' 등의 역접의 의미로 연결할 때도 쓰며, 긍정적인 내용에도 사용할 수 있어요.

- 諦めていたのに合格したのが信じられません。
  포기하고 있었는데 합격한 것이 믿어지지 않습니다.

- 地震は大きかったのに被害が少なくてよかった。
  지진은 컸지만 피해가 적어서 다행이다.

스몰 토크 🎧 190

Ⓐ 山田さん、昨日電話しましたか。 야마다 씨, 어제 전화했어요?

Ⓑ はい。何回も電話したのに出なかったですね。
  네. 몇 번이나 전화했는데 받지 않았어요.

Ⓐ どうして電話番号を知っているんですか。教えなかったのに。
  어떻게 전화번호를 알고 있어요? 알려 주지 않았는데.

Ⓑ この前そちらからかけてきたから番号が残っていて…。
  지난번에 그쪽에서 걸어 와서 번호가 남아 있어서….

Words 🎧 191

受験 수험, 입시 | 楽しみ 즐거움, 낙 | 楽しみにする 기대하다 | 別れる 헤어지다 | 愛する 사랑하다 | ~頃 ~경, 시절, 무렵 | 大切だ 소중(귀중)하다 | 諦める 포기하다 | 合格する 합격하다 | 電話に出る 전화를 받다 | 電話をかける 전화를 걸다 | かけてくる (전화를) 걸어 오다

음성을 잘 듣고 따라해 보세요.

あれ？ 1時間も遅刻するなんて何かあったの？

いや、寝坊しちゃった！昨日友だちと遅くまで飲んで…。

前にもそんなことなかった？

そうそう。一度失敗したら反省しなくちゃいけないのに。

お酒に弱いんだから飲みすぎるなって言ったのに。

友だちに今日はここまでって言えばよかったんだけど…。

여　어라? 한 시간이나 지각하다니 무슨 일이 있었어?
남　아니, 늦잠 자 버렸어! 어제 친구랑 늦게까지 술을 마셔서….
여　전에도 그런 적 있지 않았어?
남　맞아. 한번 실수했으면 반성해야 하는데.
여　술이 약하니까 과음하지 말라고 (말)했는데.
남　친구에게 오늘은 여기까지라고 말할걸 그랬어….

우리말을 참고하여 빈칸에 써 보세요.

あれ？ 1時間も遅刻するなんて何かあったの。

いや、寝坊しちゃった！昨日友だちと遅くまで飲んで…。

前にもそんなことなかった？

そうそう。一度失敗したら 　　　　　　　　　　。
반성해야 하는데(반성하지 않으면 안 되는데)

お酒に弱いんだから飲み過ぎるなって 　　　　　　　　　。
(말)했는데

友だちに今日はここまでって 　　　　　　　　…。
말할걸 그랬어

Words 🎧193

寝坊（ねぼう）する 늦잠 자다 ｜ 失敗（しっぱい）する 실패(실수)하다 ｜ 〜たら 〜(하)면 ｜ 反省（はんせい）する 반성하다 ｜ 弱（よわ）い 약하다 ｜
飲（の）みすぎる 과음하다, 지나치게 마시다 ｜ 〜って 〜라고

가능, 불가능

음성 듣기

강의 보기

학습 자료

이 과에서 배울 표현

① ～ことができます

② ～(ら)れます

③ ～(よ)うにも ～(ら)れません

～ことができます

~(하)는 것이 가능해요, ~(할) 수 있어요

동사 기본형에 연결하여 어떤 일을 할 수 있다는 것을 나타내는 표현이에요.

- このイベントには誰^{だれ}でも参加^{さんか}することができます。
  이 이벤트에는 누구나 참가할 수 있어요.

- 現金^{げんきん}やカードの他^{ほか}にポイントでも払^{はら}うことができます。
  현금이나 카드 외에 포인트로도 지불할 수 있어요.

- この映画^{えいが}は子^こどもでも見^みることができます。
  이 영화는 어린이라도 볼 수 있어요.

- このまくらがあればどこでもぐっすり寝^ねることができます。
  이 베개가 있으면 어디서든 푹 잘 수 있어요.

- ネットを使^{つか}えば何^{なん}でも探^{さが}すことができます。
  인터넷을 사용하면 뭐든지 찾을 수 있어요.

- くつのサイズはお客様^{きゃくさま}に合^あわせることができます。
  신발 사이즈는 고객님께 맞출 수 있습니다.

✅ Check

- 동사 기본형에 「ことができる ~(하)는 것이 가능하다」, 「ことができます ~(하)는 것이 가능합니다」를 연결하기 때문에 쉽게 쓸 수 있지만 약간 딱딱한 문장체 느낌이 드는 표현이에요. 다음 페이지에서 소개할 ②의 가능형 동사 표현이 회화에서 더 많이 쓰여요.

「동사 기본형 + ことができます」는 개인의 능력보다 '그 동작이 가능한 상황'이나 '허가하는 내용'을 말할 때 주로 쓰고, 문장체나 격식을 차려야 하는 자리에서 쓰는 경우가 많아요.

- このプールは子どもでも入ることができます。
  이 수영장은 어린이라도 들어갈 수 있습니다.

- 部屋の中でゲームをすることもできます。
  방 안에서 게임을 할 수도 있습니다.

스몰 토크   🎧 196

Ⓐ このカードがあれば何回でも制限なく乗ることができます。
이 카드가 있으면 몇 번이나 제한 없이 탈 수 있습니다.

Ⓑ お店で買い物をすることもできますか。
가게에서 물건을 살 수도 있나요?

Ⓐ はい。 スマホから金額をチャージすることもできます。
네. 스마트폰에서 금액을 충전할 수도 있습니다.

Ⓑ それは便利ですね。
그거 편리하군요.

Words   🎧 197

参加する 참가하다 | 払う 지불하다 | ぐっすり 깊이 잠든 모양, 푹 | 合わせる 맞추다 |

チャージする 충전하다

2

～(ら)れます

～(할) 수 있어요

동사를 가능형으로 만들어서 쓸 수 있어요. 그룹별로 조금 다르니 아래 공식을 잘 익혀 두세요.

- N3の漢字は全部書けます。
  (JLPT) N3의 한자는 다 쓸 수 있어요.

- 二十歳にならなければお酒が飲めません。
  스무 살이 되지 않으면 술을 마실 수 없어요.

- 日本人でも一人で着物を着られる人は少ない
  です。
  일본인이라도 혼자서 기모노를 입을 줄 아는 사람은 적어요.

- 明日は9時までに来られますか。
  내일은 9시까지 올 수 있습니까?

- 日本語の他にもスペイン語ができます。
  일본어 외에도 스페인어를 할 수 있어요.

- 時間はかかりますが船でも世界一周ができます。
  시간은 걸리지만 배로도 세계 일주를 할 수 있어요.

✓ Check

- 동사 가능형의 그룹별 활용
  방법은 186p를 참고하세요.

- 동사 그룹별 가능형 활용 공식

  1그룹: 어미 [u] → [e] + る

  2그룹: 어미 –る 빼고 + られる

  3그룹: 来る → 来られる / する → できる

'~을/를 ~(할) 수 있어요'라고 말할 때는 「〜が(ら)れます」, 「〜ができます」와 같이 보통 조사 「が」를 쓰지만, 「を」를 쓰기도 해요.

- 二十歳からお酒を飲めます。　스무 살부터 술을 마실 수 있어요.

- 紅茶とケーキを食べられます。　홍차와 케이크를 먹을 수 있어요.

- ここで料理を勉強できます。　여기서 요리를 공부할(배울) 수 있어요.

Ⓐ 今日の午後、学校に来られますか。
오늘 오후에 학교에 올 수 있어요?

Ⓑ はい、行けます。
네, 갈 수 있어요.

Ⓐ 文化祭の準備を手伝えますか。
문화 축제 준비를 도와줄 수 있어요?

Ⓑ はい。できます。
네. 할 수 있어요.

他にも ~외에도 ｜ 文化祭 문화 축제(학교 축제)

3

〜(よ)うにも 〜(ら)れません

〜(하)려고 해도 〜(할) 수 없어요

「동사 의지형 + にも 〜(ら)れない(가능형의 부정)」은 어떤 일을 하고 싶어도 어떤 사정이 있어 하지 못함을 나타내는 표현이에요.

- 風が強くて前に進もうにも進めません。
  바람이 세서 앞으로 나아가려고 해도 나아갈 수 없어요.

- 値段が高くて買おうにも買えませんでした。
  가격이 비싸서 사려고 해도 살 수 없었어요.

- 道に迷ったが、言葉が通じなくて聞こうにも聞けなかった。
  길을 잃어버렸지만, 말이 통하지 않아 물어보려고 해도 물어보지 못했다.

- 台風で出かけようにもどこにも行けなかった。
  태풍 때문에 나가려고 해도 아무 데도 갈 수 없었다.

- 年を取ると何かを覚えようにも覚えられなくなります。
  나이를 먹으면 뭔가를 기억하려고 해도 기억할 수 없게 돼요.

- 先頭まで差が大きくて追いつこうにも追いつけません。
  선두까지 차가 벌어져서 따라잡으려고 해도 따라잡을 수가 없어요.

✓ Check

- 동사 의지형 활용 공식은 88p를 참고하세요.

- 동사 의지형과 가능형의 그룹별 활용 방법은 186~187p를 참고하세요.

「～ようにも ~하려고 해도」는 '~하고 싶어도'라는 뉘앙스가 있어요.

- クリーニングに出そうにも今日は店が休みです。
  세탁소에 맡기려고 해도(맡기고 싶어도) 오늘은 가게가 쉬는 날이에요.

- 買い物をしようにもここではカードが使えません。
  쇼핑을 하려고 해도(하고 싶어도) 여기서는 카드를 쓸 수 없어요.

Ⓐ 今度のコンサートには行きますか。
이번 콘서트에는 가나요?

Ⓑ いいえ。チケットがなくて行こうにも行けません。
아뇨. 티켓이 없어서 가려고 해도 갈 수 없어요.

Ⓐ 販売を始めて10分でなくなったそうですね。
판매를 시작한 지 10분만에 매진됐다고 하네요.

Ⓑ 早く買おうにもパソコンが遅くてだめでした。
빨리 사려고 했지만 컴퓨터가 느려서 안 됐어요.

強い 강하다, 세다 | 進む (앞으로) 나아가다 | 迷う 망설이다, 헤매다 | 道に迷う 길을 잃다 | 出かける 외출하다, 나가다 | 年を取る 나이를 먹다, 나이 들다 | 覚える 기억하다, 외우다 | 追いつく 따라붙다, 따라잡다 | 始める 시작하다 | なくなる 없어지다 | だめだ 안 되다, 소용없다

음성을 잘 듣고 따라해 보세요.

 今日はとても楽しかったです。

 駅までの道は一人で行くことはできますか。

 人に聞きながら行けば行けるでしょう。

 お酒を飲んだから車で送ろうにも運転できません。

 とんでもありません。お気遣いなく。

 じゃ、お気をつけて。また来てください。

남 오늘은 아주 즐거웠어요.
여 역까지 가는 길은 혼자서 갈 수 있나요?
남 다른 사람에게 물으면서 가면 갈 수 있겠죠.
여 술을 마셔서 차로 배웅하고 싶어도 운전할 수가 없어요.
남 별말씀을요. 염려하지 마세요(마음 안 쓰셔도 돼요).
여 그럼, 조심히 가세요. 또 오세요.

우리말을 참고하여 빈칸에 써 보세요.

今日はとても楽しかったです。

駅までの道は一人で ＿＿＿＿＿＿＿＿＿＿＿ 。
갈 수 있나요(가는 건 가능한가요)?

人に聞きながら ＿＿＿＿＿＿＿＿＿ 。
가면 갈 수 있겠죠

お酒を飲んだから車で ＿＿＿＿＿＿＿＿＿ 。
배웅하려고 해도(배웅하고 싶어도) 운전할 수가 없어요

とんでもありません。お気遣いなく。

じゃ、お気をつけて。また来てください。

Words 🎧 **207**

送る (떠나) 보내다, 배웅하다 ㅣ とんでもない 터무니없다, 당치도 않다 ㅣ 気遣う 마음을 쓰다, 염려하다, 걱정하다

변화, 추이

음성 듣기

강의 보기

학습 자료

① 〜くなります / 〜になります /
〜ようになります

② 변화를 나타내는 동사

③ 〜てきます / 〜ていきます

④ 〜ば 〜ほど

① 〜くなります / 〜になります / 〜ようになります

~해져요, ~어·아져요, ~이·가 돼요, ~(하)게 돼요

어떤 상태가 변화하는 것을 나타낼 때 써요. 「い형용사 어간 + くなる」, 「な형용사 어간·명사 + になる」, 「동사 기본형 + ようになる」로 활용해요.

- 野菜は前より安くなっています。
  채소는 전보다 저렴해졌어요.

- 塩を少し入れたらスープがおいしくなりました。
  소금을 좀 넣었더니 국물이 맛있어졌어요.

- 何でもうまくなれば好きになりますよ。
  무슨 일이든 잘하게 되면 좋아하게 될 거예요.

- しばらく家で休んだら元気になりました。
  잠시 집에서 쉬었더니 기운이 살아났어요.

- 妹は来年大学生になります。
  여동생은 내년에 대학생이 돼요.

- 歴史の授業を受けるようになりました。
  역사 수업을 듣게 되었어요.

- 免許を取れば運転ができるようになります。
  면허를 따면 운전을 할 수 있게 돼요.

✓ Check

- 「동사 가능형 + ようになる」는 '~할 수 있게 되다'라는 의미가 돼요.

- 「来年(らいねん)」, 「今月(こんげつ)」, 「明日(あした)」 등과 같이 날짜를 나타내는 명사 뒤에는 조사 「〜に」를 넣지 않아도 '~에'의 의미가 포함되어 있어요.

- 来年入学する。
  내년에 입학한다.

부정형 문장도 함께 익혀 두세요.

- 薬を飲んだら頭が痛くなくなりました。
  약을 먹었더니 머리가 아프지 않게 됐어요.

- 風邪を引いて声が出なくなりました。
  감기에 걸려 목소리가 나오지 않게 됐어요.

- 雨が強くなって試合が続けられなくなった。
  비가 거세져서 경기를 계속할 수 없게 됐다.

스몰 토크　🎧 210

Ⓐ もう暗くなったから帰ります。
이제 어두워졌으니 돌아가겠습니다.

Ⓑ 夜になると車が混むから気をつけて。
밤이 되면 차가 밀리니까 조심하세요.

Ⓐ 動けなくなる前に早く行かなくちゃ。
움직일 수 없게 되기 전에 빨리 가야겠어요.

Ⓑ また遊びに来てください。
또 놀러 오세요.

Words　🎧 211

入れる 넣다 ｜ うまい 맛있다, 잘하다 ｜ 元気 원기, 기력, 기운 ｜ 授業を受ける 수업을 받다(듣다) ｜
免許を取る 면허를 따다(취득하다) ｜ 続ける 계속하다 ｜ 暗い 어둡다

2

변화를 나타내는 동사

변화 동사는 그 자체로 변화의 의미를 포함하고 있기 때문에 「〜ようになる ~하게 되다」와 같은 말을 붙이지 않아도 돼요.

- 最近、外でお酒を飲む機会が増えました。
  요즘 밖에서 술을 마시는 기회가 늘었어요.

- 10年ぶりに帰ったふるさとは大きく変わりました。
  10년만에 돌아간 고향은 많이 변했어요.

- 薬を飲んで熱が下がりました。
  약을 먹고 열이 떨어졌어요.

- 富士山の雪も夏になって溶けてしまいました。
  후지산의 눈도 여름이 되어 녹아 버렸어요.

- 同じ仕事を1週間続けたので慣れました。
  같은 일을 일주일 동안 계속해서 익숙해졌어요.

- ストレスのせいでしょうか。みんなに痩せたと言われます。
  스트레스 탓일까요. 다들 살이 빠졌다고 해요.

✓ Check

- 「言(い)う 말하다」를 수동형으로 쓴 「言(い)われる」는 '남들로부터 듣는다, 일컬어진다'라는 뜻이에요.

변화 동사는 보통 「〜た」, 「〜ました」라는 '완료'의 의미를 나타내는 과거형 어미를 쓰지만,
「동사 て형 + いる」를 써서 '지속·진행'을 강조할 때도 있어요.

- 増えました。 늘었어요.　—　増えています。 늘고 있어요.

- 変わりました。 변했어요.　—　変わっています。 변하고 있어요.

- 下がりました。 떨어졌어요. — 下がっています。 떨어지고 있어요.

스몰 토크 🎧 214

Ⓐ この頃、若い人たちの人口が減っています。
요즘 젊은 사람들의 인구가 줄고 있어요.

Ⓑ 昔より健康になって老人は増えました。
옛날보다 건강해져서 노인은 늘어났어요.

Ⓐ 病気になっても治る人が多くなりましたから。
병이 들어도 낫는 사람이 많아졌으니까요.

Ⓑ 若い人も増えるといいですね。
젊은 사람도 늘어났으면 좋겠네요.

Words 🎧 215

下がる 내리다, (기온 등이) 내려가다 | 溶ける 녹다 | 慣れる 익숙해지다 | 〜のせい ~탓, ~때문 |
痩せる 마르다, 살 빠지다 | この頃 요즘, 요새 | 昔 옛날, 예전 | 若い 젊다 | 病気になる 병이 나다,
병이 들다 | 治る (병이나 상처가) 낫다, 회복되다

3

～てきます / ～ていきます

~(해) 와요 / ~(해) 가요

과거 어느 시점부터 현재까지 변화하고 있을 때는 「～てくる ~해 오다」를 쓰고, 지금부터 앞으로 변화해 간다고 할 때는 「～ていく ~해 가다」를 써요. 「くる 오다」, 「いく 가다」가 공간적인 방향의 이동이 아니라 시간에 따른 변화를 나타내는 말이라는 점에 주의하세요.

- 台風が近づいてきます。
  태풍이 다가오고 있습니다.

- 10月になって朝晩寒くなってきました。
  10월이 되면서 아침저녁으로 추워지기 시작했습니다.

- ぶつかったところがだんだん痛くなってきました。
  부딪친 곳이 점점 아프기 시작했어요.

- 彼女が乗った新幹線がすぐ遠くなっていきました。
  그녀가 탄 신칸센이 금세 멀어져 갔어요.

- 地方の町では若い人たちがどんどん減っていきました。
  지방의 마을에서는 젊은 사람들이 계속 줄어들어 갔습니다.

- 人の考えは年とともに変わっていきます。
  사람의 생각은 나이를 먹으면서 변해갑니다.

✓ Check

- 「くる 오다」, 「いく 가다」는 물리적인 장소의 이동을 나타내는 것이 아니기 때문에 한자로 쓰지 않고 히라가나로 써요.

- 「～てくる」는 '~하기 시작하다'라는 의미도 있어요.
  雨が降ってきました。
  비가 오기 시작했습니다.

- 「～とともに」는 '~와 함께, ~와 더불어'라는 뜻인데, 「年(とし)とともに」라고 하면 '나이와 더불어', '나이가 듦에 따라', '나이가 들면서' 등으로 해석할 수 있어요.

이 밖에도 「〜てくる」, 「〜ていく」는 '어떤 동작을 하고 나서 온다, 간다'라는 의미로도 쓰이는데, 이때는 「〜て来る」, 「〜て行く」라고 한자로 표기하기도 해요.

- 家で弁当を作ってきました。　집에서 도시락을 싸 왔어요.

- コンビニで飲み物を買っていきましょう。　편의점에서 마실 것을 사 갑시다.

Ⓐ お店で働く外国人が増えてきました。
가게에서 일하는 외국인이 늘어나고 있어요.

Ⓑ そうですね。　食堂でもコンビニでもたくさん見かけます。
그러게요. 식당에서도 편의점에서도 많이 보여요.

Ⓐ これからもっと増えていくかもしれません。
앞으로 더 늘어날 수도 있어요.

Ⓑ 私たちも外国語を勉強しなくちゃなりませんね。
우리도 외국어를 공부해야겠네요.

近づく 다가오다, 접근하다 | ぶつかる 부딪치다 | だんだん 점점, 차차 | 遠い 멀다 | どんどん 자꾸, 계속 | 働く 일하다 | 見かける 종종 보다, 눈에 띄다

4

～ば ～ほど

~(하)면 ~(할)수록

'어떤 것이 변하면 다른 것도 함께 변한다'는 것을 말할 때 써요. 동사와 い형용사는 「가정형 ば + 기본형 ほど」를 쓰고, な형용사는 「어간 + なら + 어간 + なほど」의 형태로 써요.

- この作品は見れば見るほど素晴らしいです。
  이 작품은 보면 볼수록 훌륭해요.

- 思い出は時間が経てば経つほど美しくなります。
  추억은 시간이 지나면 지날수록 아름다워져요.

- 星は空が暗ければ暗いほどはっきり見えます。
  별은 하늘이 어두우면 어두울수록 뚜렷하게 보여요.

- 年末に近ければ近いほど仕事が忙しくなります。
  연말이 가까우면 가까울수록 업무가 바빠져요.

- 祭は賑やかなら賑やかなほど楽しいでしょう。
  축제는 활기차면 활기찰수록 즐겁죠.

- 問題が簡単なら簡単なほど小さいミスに気を
  つけましょう。
  문제가 쉬우면 쉬울수록 사소한 실수에 주의합시다.

✅ Check

- 가정형 「~ば ~면」의 품사별 활용법은 187p를 참고하세요.

- な형용사는 「～であればあるほど」의 형태로도 써요.
  - 簡単であればあるほど
    쉬우면 쉬울수록

형용사의 경우에는 「〜ば ~면」의 가정형 부분을 생략해서 쓰기도 해요.

- 星は空が暗いほどはっきり見えます。
  별은 하늘이 어두울수록 뚜렷하게 보여요.

- 問題が簡単なほど小さいミスに気をつけましょう。
  문제가 쉬울수록 사소한 실수에 주의합시다.

스몰 토크　🎧 222

Ⓐ この本、もう全部読んだんですか。
　이 책 벌써 다 읽으신 거예요?

Ⓑ はい。読めば読むほど面白くて1日で読みました。
　네. 읽으면 읽을수록 재미있어서 하루만에 읽었어요.

Ⓐ 忙しいのにすごいですね。
　바쁘실 텐데 대단하시네요.

Ⓑ 忙しい時ほど本を読めばストレスがなくなります。
　바쁠 때일수록 책을 읽으면 스트레스가 사라져요.

Words　🎧 223

素晴らしい 훌륭하다, 근사하다, 멋지다 | 経つ (시간・때가) 지나다, 경과하다, 흐르다 | 美しい 아름답다 |

はっきり 확실히, 뚜렷하게

음성을 잘 듣고 따라해 보세요.

 今日は天気がよくなりますか。

 天気予報では晴れて暖かくなるそうです。

 桜の花も少しずつ咲いてきました。

 暖かくなればなるほど咲く花が増えますね。

 季節によっておいしいものも変わります。

 3月は野菜や果物がおいしくなりますね。

남　오늘은 날씨가 좋아질까요?
여　일기 예보에서는 맑고 따뜻해진다고 해요.
남　벚꽃도 조금씩 피기 시작했어요.
여　따뜻해지면 따뜻해질수록 피는 꽃이 많아지죠.
남　계절에 따라 맛있는 것도 달라져요.
여　3월은 채소나 과일이 맛있어지죠.

우리말을 참고하여 빈칸에 써 보세요.

今日は天気が ＿＿＿＿＿＿＿＿＿＿＿＿。
좋아질까요(좋아지나요)?

天気予報では晴れて ＿＿＿＿＿＿＿＿＿＿＿＿。
따뜻해진다고 해요

桜の花も少しずつ ＿＿＿＿＿＿＿＿＿＿＿＿。
피기 시작했어요

＿＿＿＿＿＿＿＿＿＿ 咲く花が ＿＿＿＿＿＿＿＿。
따뜻해지면 따뜻해질수록　　　　　　　많아지죠(늘어나죠)

季節によっておいしいものも ＿＿＿＿＿＿＿＿＿。
달라져요(바뀌어요)

3月は野菜や果物が ＿＿＿＿＿＿＿＿＿。
맛있어지죠

Words 🎧 225

天気 날씨 ｜ 天気予報 일기 예보 ｜ 晴れる (하늘이) 개다, (날씨가) 맑아지다 ｜ 少しずつ 조금씩, 차근 차근 ｜ 咲く (꽃이) 피다

상태, 모습

음성 듣기

강의 보기

학습 자료

이 과에서 배울 표현

① 〜ています [진행·상태·결과의 지속]

② 〜ています [형용사적인 용법]

③ 〜てあります [상태]

④ 〜てあります [준비 완료]

1

～ています

~(하)고 있어요 [진행] / ~어 · 여 있어요 [상태]

동작이 진행 중이거나 동작이 끝난 결과의 상태를 나타내는 표현이에요.

- ベッドの上でネコが寝ています。
  침대 위에서 고양이가 잠자고 있어요.

- 今何をしていますか。
  지금 무엇을 하고 있어요(뭐 하세요)?

- 友だちがカフェで本を読んでいます。
  친구가 카페에서 책을 읽고 있어요.

- あそこに立っている人が私の弟です。
  저기 서 있는 사람이 제 남동생이에요.

- 学生たちが体育館に集まっています。
  학생들이 체육관에 모여 있어요.

- このカバンには何も入っていません。
  이 가방 안에는 아무것도 들어 있지 않아요.

✓ Check

- 동작이 계속적으로 진행되는 동사는 '진행', 순간적인 동작을 나타내는 동사는 '상태'를 나타내요.

- 寝ている 자고 있다 [진행]
- 立っている 서 있다 [상태]

- 허물없는 사이의 대화에서는 「～ている」를 「～てる」로 축약해서 말하기도 해요.

「行く 가다」, 「帰る 돌아가다, 돌아오다」, 「出かける 나가다, 외출하다」 등과 같이 이동을 나타내는 동사와 함께 쓰일 경우, 어떤 변화의 결과가 그대로 지속되고 있음을 나타내요. 즉, '~인 상태이다'라는 의미로 이해하시면 돼요.

- 父は今、会社に行っています。
  아버지는 지금 회사에 갔어요. 〈회사에 가 있는 상태〉

- 夏休みの間は故郷に帰っています。
  여름 방학 동안에는 고향에 돌아가요. 〈고향에 머무는 상태〉

- 妹は出かけていて家にはいません。
  여동생은 나가고 집에는 없어요. 〈외출해 있는 상태〉

Ⓐ 昨日洗ったシャツは乾いている？ 어제 빤 셔츠는 말랐어?

Ⓑ クローゼットに入ってるよ。 옷장에 들어 있어.

Ⓐ ありがとう！ 고마워!

Ⓑ ハンガーにかかっているのはアイロンもかけたからすぐ着られるよ。
  옷걸이에 걸려 있는 건 다리미질도 했으니 바로 입을 수 있어.

集まる 모이다, 집합하다 | 洗う 씻다, 빨다, 세탁하다 | 乾く 마르다, 건조하다 | かかる 걸리다 | かける 걸다 | アイロンをかける 다리미질을 하다

2

～ています

～어·여 있어요 [형용사적인 용법]

'결과의 지속'과 비슷하지만, '어떤 대상의 성질'을 나타내는 형용사적인 표현이에요.

- 壁の絵が少し傾いています。
  벽의 그림이 조금 기울어져 있어요.

- 山道が途中で大きく曲がっています。
  산길이 중간에 크게 구부러져 있어요.

- 何度もやってみましたがこの答えは間違っています。
  몇 번이나 해(풀어) 보았지만 이 답은 틀렸어요.

- このドラマの主人公は年を取っていますが昔はアイドル歌手でした。
  이 드라마의 주인공은 나이를 먹었지만 예전에는 아이돌 가수였어요.

- テレビは壊れているからスイッチを押してもだめです。
  TV는 고장이 나서 스위치를 눌러도 안 돼요.

- あんなに汚れていた部屋がきれいになりました。
  그렇게 더러웠던 방이 깨끗해졌어요.

> ● 문장에 따라 '~어·여 있어요'가 아닌 '~었·였어요'라고 해석해야 자연스러울 때가 있어요.

'형용사적인 용법'으로 사용될 때는 반대말도 형용사로 표현할 수 있어요.

傾いている	⟺	まっすぐだ 똑바르다	年を取っている ⟺ 若い 젊다	
曲がっている	⟺	水平だ 수평이다	壊れている ⟺ 正常だ 정상이다	
間違っている	⟺	正しい 맞다, 바르다	汚れている ⟺ きれいだ 깨끗하다	

스몰 토크 🎧232

Ⓐ 困っている人を助けたいです。　어려운 사람을 돕고 싶어요.

Ⓑ それは素晴らしい考えですね。　그거 훌륭한 생각이네요.

Ⓐ でも反対する人もいます。　그런데 반대하는 사람도 있어요.

Ⓑ それは間違っていると思います。　그건 잘못되었다고 생각해요.

Words 🎧233

傾く 기울다, 비뚤어지다 | 途中 도중, 중간 | 曲がる 구부러지다 | 間違う 잘못되다, 틀리다 | 壊れる 고장 나다, 망가지다 | 汚れる 더러워지다 | 反対する 반대하다

3

～てあります

~되어 있어요, ~어·여 있어요 [상태]

타동사에 연결하는 표현으로, 뭔가 목적이나 의도를 가지고 행한 행위의 결과가 그대로 남아 있는 상태일 때 써요.

- 机の上に花が飾ってあります。
  책상 위에 꽃이 장식되어 있어요.

- 玄関にスリッパが置いてあります。
  현관에 슬리퍼가 놓여 있어요.

- 教室の壁には試験の日程が貼ってありました。
  교실 벽에는 시험 일정이 붙어 있었어요.

- 宅配のシールには個人情報が書いてあります。
  택배 스티커에는 개인 정보가 쓰여 있어요.

- 冷蔵庫に飲み物が入れてあります。
  냉장고에 음료가 들어 있어요.

- 窓が閉めてありますが暑かったら開けてください。
  창문이 닫혀 있는데 더우면 여세요.

✓ Check

- 「타동사의 て형 + ある」는 수동의 의미로 해석하면 돼요.

「〜てあります」는 '거기에 가 보니 이러한 상태인 것을 발견했다'라는 뉘앙스의 표현이에요.
왼쪽에 제시된 예문으로 설명하자면, '책상을 보니 웬 꽃이 장식되어 있고, 현관에 들어서니 슬리퍼가 놓여 있는 것을 발견했다'라는 식으로, 눈앞의 상황을 묘사할 때 쓰는 표현이라고 할 수 있어요.

 🎧 235

A お湯を沸かしましたが、コーヒーでも飲みますか。
물을 끓였는데 커피라도 마실까요?

B お願いします。
부탁해요.

A 砂糖とミルクはテーブルの上に置いてあります。
설탕과 밀크는 식탁 위에 놓여 있어요.

B ブラックで飲みます。
블랙으로 마실게요.

Words 🎧 236

飾る 장식하다, 꾸미다 ｜ 置く 두다, 놓다 ｜ 貼る 붙이다 ｜ 閉める (문 등을) 닫다 ｜ 開ける 열다 ｜
お湯 뜨거운 물 ｜ 沸かす 데우다, 끓이다

4

〜てあります

~(해) 두었어요, ~(해) 놓았어요 [준비 완료]

타동사에 연결하는 표현으로, 준비가 완료된 상태를 나타낼 때 써요.

- 人数が多いのでレストランの席は予約してあります。

  인원이 많아서 레스토랑 자리는 예약해 놓았어요.

- 会議のスケジュールはメールで知らせてあります。

  회의 스케줄은 메일로 알려 두었어요.

- Ⓐ 旅行の時、昼ご飯はどうしましょうか。

  여행 때 점심 식사는 어떻게 할까요?

  Ⓑ 弁当を頼んであります。

  도시락을 주문해 두었습니다.

- Ⓐ みんなには明日は9時出発と伝えてあります。

  모두에게는 내일은 9시 출발이라고 전해 두었어요.

  Ⓑ 念のため、後でもう一度確認してください。

  만일을 위해 이따 다시 한번 확인해 주세요.

✓ 이 표현은 사람이 주어가 돼요. 그러나 주어를 생략해서 쓰는 경우가 대부분이에요.

「〜てある / 〜てあります」는 반드시 타동사로만 접속한다는 것을 기억해 두세요.

- 開く 열리다 (자동사)

  窓が開いています。 창문이 열려 있어요.

- 開ける 열다 (타동사)

  窓を開けてあります。 창문을 열어 두었어요.

스몰 토크   🎧 239

Ⓐ 来週の発表の準備はできていますか。
다음 주 발표 준비는 다 되었나요?

Ⓑ はい。資料のコピーはしてありますし、パソコンも準備しました。
네. 자료 복사는 해 두었고, 컴퓨터도 준비했습니다.

Ⓐ 場所は第一会議室でしたね。
장소는 제1 회의실이었죠?

Ⓑ はい。みんなにも知らせてあります。
네. 모두에게도 알려 두었습니다.

Words   🎧 240

知らせる 알리다 | 頼む 부탁하다, 요청하다, 주문하다 | 伝える 전하다 | 念のため 만일을 위해, 확실히 하기 위해, 혹시 몰라 | 確認する 확인하다 | 〜し ~고(열거) | 借りる 빌리다

음성을 잘 듣고 따라해 보세요.

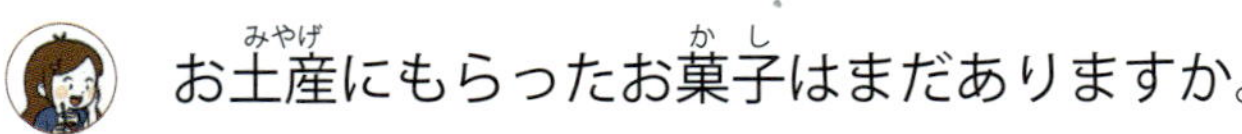

お土産にもらったお菓子はまだありますか。

ええ。残っていますよ。コーヒーでも飲みますか。

冷蔵庫にアイスコーヒーを入れてあります。

お菓子もコーヒーもおいしそうです。

あのお菓子は人気があってなかなか買えないそうです。

へえ。じゃ、一緒に食べましょう。

여　선물로 받은 과자는 아직 있어요?
남　네. 남아 있어요. 커피라도 마실래요?
여　냉장고에 아이스 커피를 넣어 두었어요.
남　과자도 커피도 맛있을 것 같아요(맛있어 보여요).
여　그 과자는 인기가 있어서 좀처럼 살 수 없다고 해요.
남　오~ 그럼 같이 먹읍시다.

우리말을 참고하여 빈칸에 써 보세요.

お土産にもらったお菓子はまだありますか。

ええ。＿＿＿＿＿＿＿＿＿＿。コーヒーでも飲みますか。
남아 있어요

冷蔵庫にアイスコーヒーを＿＿＿＿＿＿＿＿＿＿。
넣어 두었어요

お菓子もコーヒーもおいしそうです。

あのお菓子は人気があってなかなか買えないそうです。

へえ。じゃ、一緒に食べましょう。

Words 🎧 242

お土産（みやげ） 기념품, 선물 ｜ もらう (선물 등을) 받다 ｜ なかなか 〜ない 좀처럼 〜(하)지 않다

행동, 시도

음성 듣기

강의 보기

학습 자료

이 과에서 배울 표현

① ～ておきます

② ～てみます

③ ～てしまいます

1

〜ておきます

~(해) 둡니다, ~(해) 두겠습니다

'어떤 목적을 위해 준비해 둔다'는 의미를 나타내는 표현이에요.

- 先生の言葉をメモしておきました。
  선생님의 말씀을 메모해 두었어요.

- 寒くなったので夏服はタンスにしまっておきます。
  추워졌으니 여름옷은 옷장에 정리해 둘게요.

- カードは財布に入れておきましょう。
  카드는 지갑에 넣어 둡시다.

- 次の人たちが使うから電気はつけておいてください。
  다음 사람들이 쓸 테니 전기는 켜 두세요.

- 小包は玄関に置いておきました。
  소포는 현관에 놓아두었어요.

- 分からないところは書かないでおきました。
  모르는 부분은 쓰지 않고 놔두었어요.

✔ Check

- 유사한 표현으로 타동사에 연결하는 「〜てあります ~해 두었어요」가 있어요. (168p 참고) 그러나 행동의 주체가 자신이라는 것을 명확하게 나타내는 표현은 「〜ておきました」예요.
  - 予約してあります。
    예약해 놓았어요.
  - 予約しておきました。
    예약해 두었어요.

- 「〜ておく / 〜ておきます」는 '준비' 외에 '그대로 놔 둠 (방치)'의 의미도 있어요.
  - 窓を開けておきました。
    창문을 열어 두었어요.
  - 電気をつけておきました。
    불을 켜 두었어요.

- 제3자가 주어가 될 수 없어요.
  (✕) 田中さんが掃除しておきました。 다나카 씨가 청소해 두었어요.

회화에서는 「〜ておく」를 축약해서 「〜とく」라고 말할 때가 많아요. 마찬가지로 「〜ておいて」
는 「〜といて」로, 「〜ておいた」는 「〜といた」라고 해요.

- ここに名前を書いときます。 （← 書いておきます）
  여기에 이름을 써 두겠습니다.

- 先生に話しといてください。 （← 話しておいて）
  선생님께 이야기해 두세요.

스몰 토크 🎧 245

Ⓐ 今日は暑いね！ 何か冷たいものある？
오늘은 덥네! 뭔가 시원한 거 있어?

Ⓑ 冷蔵庫にコーラを入れといた。
냉장고에 콜라를 넣어 두었어.

Ⓐ よかった！ 後でビールを買って冷やしとこう。
잘 됐네! 이따 맥주를 사서 차갑게 해 둬야겠다.

Ⓑ ビールを買うなら牛乳も買っといて。
맥주를 살 거라면 우유도 사다 놔 줘.

Words 🎧 246

しまう 안에 넣다, 간수하다 | つける (불·전기 등을) 켜다 | 電気をつける 전등(불)을 켜다 | 名前 이름 |
冷たい 차갑다 | 冷やす 식히다, 차게 하다

2

～てみます

~(해) 봅니다, ~(해) 보겠습니다

결과가 어떻게 될지 알 수 없는 상황에서 '한번 시도해 본다'는 뉘앙스의 표현이에요.

- 一度先生に聞いてみます。
  한번 선생님에게 물어보겠습니다.

- できるかどうか分かりませんがやってみましょう。
  할 수 있을지 어떨지 모르겠지만 해 봅시다.

- 生まれて初めて着物を着てみました。
  생전 처음으로 기모노를 입어 봤어요.

- すぐ行かないで先に電話をかけてみませんか。
  곧바로 가지 말고 먼저 전화를 걸어 보지 않을래요?

- 30分前に来てみたら誰もいませんでした。
  30분 전에 와 보니 아무도 없었어요.

- 担当者に確認してみてください。
  담당자에게 확인해 보세요.

✓ Check

- 「～てみる」에서 「みる」에는 '보다'라는 의미가 없기 때문에 한자로 쓰지 않아요.
  (✗) 先生に聞いて見ます。

- 과거의 경험을 말하는 '~해 본 적이 있어요'는 일본어로 「～したことがあります」라고 해요. 「～してみたことがあります」가 아니라는 점 기억해 두세요.

「〜てみたい ~(해) 보고 싶다」는 아직 경험이 없지만 한번 해 보고 싶다는 마음을 나타내는 표현으로, 단순히 희망을 나타내는 「〜たい ~(하)고 싶다」와는 뉘앙스가 달라요.

- その人に会ってみたいです。
  그 사람을 만나 보고 싶어요. 〈한 번도 만난 적이 없다〉

- 友だちに会いたいです。
  친구를 만나고 싶어요(친구가 보고 싶어요). 〈전에 만났지만 다시 보고 싶다〉

스몰 토크 🎧 249

Ⓐ 日本のどこに行きたいですか。
일본의 어디에 가고 싶어요?

Ⓑ 北海道の温泉に行ってみたいです。
홋카이도의 온천에 가 보고 싶어요.

Ⓐ 北海道は食べ物もおいしいですね。
홋카이도는 음식도 맛있죠.

Ⓑ カニ料理を市場で食べてみたいです。
게 요리를 시장에 가서 먹어 보고 싶어요.

Words 🎧 250

生まれる 태어나다, 출생하다 | 生まれて初めて 생전 처음으로 | 食べ物 음식, 먹거리

3

～てしまいます

~(해) 버립니다, ~(하)고 맙니다

'어떤 일을 전부, 완전히 끝냈다'는 것을 강조할 때 쓰는 표현으로, 일반적으로 과거형으로 쓰는 경우가 많아요.

- パソコンのデータを全部消してしまいました。
  컴퓨터의 데이터를 모두 지워 버렸어요.

- 大事な書類を失くしてしまいました。
  중요한 서류를 잃어버렸어요.

- 今月の給料はもう使ってしまったからカードしか使えない。
  이번 달 급여는 벌써 다 써 버렸기 때문에 카드밖에 쓸 수 없다.

- レポートを3日間で書いてしまいました。
  리포트를 3일만에 다 써 버렸습니다.

- 去年優勝したチームに勝ってしまいました。
  작년에 우승한 팀을 이기고 말았습니다.

- N2の漢字は覚えてしまったから次はN1です。
  N2 한자는 외워 버렸으니 다음은 N1입니다.

✓ Check

- 끝났을 때의 상황이 후회스러울 때와 예상 외로 잘 해냈다는 자랑스러운 기분을 전하고 싶을 때 모두 쓸 수 있어요.

회화에서는 축약해서 많이 써요. 「〜てしまう」→「〜ちゃう」,「〜でしまう」→「〜じゃう」라는 형태로 사용할 수 있어요. 단 손윗사람이나 격식을 차려야 하는 자리에서는 쓸 수 없고, 허물없는 사이에서만 쓸 수 있어요.

- その人の名前は忘れちゃいました。（← 忘れてしまいました）
  그 사람의 이름은 잊어버렸어요.

- 薬はもう全部飲んじゃった。（← 飲んでしまった）
  약은 이미 다 먹어 버렸다.

Ⓐ すみません。今日の会食、行けなくなってしまいました。
　　죄송합니다. 오늘 회식, 못 가게 되어 버렸어요.

Ⓑ え？ もう予約してしまったから、今から変更は無理かもしれません。
　　앗, 이미 예약해 버렸기 때문에 지금부터 변경하기는 무리일지도 몰라요.

Ⓐ だめでもいいです。お金は払ってしまいましたけど。
　　안 되더라도 괜찮아요. 회비는 내고 말았지만요.

Ⓑ 一度聞いてみますね。
　　한번 물어볼게요.

消す 끄다, 지우다, 없애다 ｜ 優勝する 우승하다

음성을 잘 듣고 따라해 보세요.

来週の出張ですが、新幹線は予約しておきました。

ありがとうございます。
ホテルは知り合いがいるから私が予約してみます。

分かりました。もし取れなかったら言ってください。

はい、その時はお願いします。

(잠시 후) すみません。

ホテル全部満室になってしまいました。

じゃ、私が探してみます。

여 다음 주 출장 말인데요, 신칸센은 예약해 두었습니다.
남 감사합니다.
　 호텔은 지인이 있어서 제가 예약해 보겠습니다.
여 알겠습니다. 만약 안 되시면 말씀해 주세요.
남 네, 그럴 경우에는 부탁드리겠습니다.
　 (잠시 후) 죄송합니다.
　 호텔 전부 만실이 되고 말았습니다.
여 그럼, 제가 찾아보겠습니다.

우리말을 참고하여 빈칸에 써 보세요.

来週の出張ですが、新幹線は ______。
예약해 두었습니다

ありがとうございます。

ホテルは知り合いがいるから私が ______。
예약해 보겠습니다

分かりました。 もし取れなかったら言ってください。

はい、その時はお願いします。

(잠시 후) すみません。

ホテル全部 ______。
만실이 되고 말았습니다

じゃ、私が探してみます。

Words 🎧 256

知り合い 지인, 아는 사람 | 予約を取る 예약을 하다 | 満室になる 만실이 되다, 방이 꽉 차다

부록

문법 요약

- 동사의 종류
- 동사 ます형
- 동사 ない형
- 동사 て형
- 동사 た형
- 동사 명령형
- 동사 가능형
- 동사 수동형
- 동사 청유형·의지형
- 가정형 「ば」

동사의 종류

종류	특징	예
1그룹 동사	2·3그룹에 속하지 않는 모든 동사 (즉, 어미가 「る」가 아닌 동사, 또는 어미가 「る」로 끝나지만 「る」 앞 글자가 「あ·う·お」단인 경우)	買う 사다 行く 가다 乗る 타다
2그룹 동사	어미가 「る」로 끝나며, 「る」 앞 글자가 「い·え」단인 경우	見る 보다 食べる 먹다 寝る 자다
3그룹 동사	불규칙하고 두 개뿐이므로 그냥 암기	する 하다 来る 오다

예외 1그룹 동사 2그룹 형태이지만 1그룹 활용을 하는 동사

帰る 돌아가(오)다   知る 알다   入る 들어가(오)다   走る 달리다 등

동사 ます형

종류	활용법	예
1그룹 동사	어미 う단 → い단 + ます	買う 사다 → 買います 삽니다 行く 가다 → 行きます 갑니다
2그룹 동사	어미 る를 떼고 + ます	見る 보다 → 見ます 봅니다 食べる 먹다 → 食べます 먹습니다
3그룹 동사	불규칙하고 두 개뿐이므로 그냥 암기	する 하다 → します 합니다 来る 오다 → 来ます 옵니다

동사 ない형

종류	활용법	예
1그룹 동사	어미 う단 → あ단 + ない (어미가 う인 경우는 わ로 바꿈)	買う 사다 → 買わない 사지 않다 行く 가다 → 行かない 가지 않다
2그룹 동사	어미 る를 떼고 + ない	見る 보다 → 見ない 보지 않다 食べる 먹다 → 食べない 먹지 않다
3그룹 동사	불규칙하고 두 개뿐이므로 그냥 암기	する 하다 → しない 하지 않다 来る 오다 → 来ない 오지 않다

종류	활용법	예
1그룹 동사	어미 う·つ·る → って 어미 ぬ·ぶ·む → んで 어미 く·ぐ → いて·いで 어미 す → して	買う 사다 → 買って 사고, 사서 飲む 마시다 → 飲んで 마시고, 마셔서 書く 쓰다 → 書いて 쓰고, 써서 急ぐ 서두르다 → 急いで 서두르고, 서둘러서 話す 말하다 → 話して 말하고, 말해서 예외 行く 가다 → 行って 가고, 가서
2그룹 동사	어미 る를 떼고 + て	見る 보다 → 見て 보고, 봐서 食べる 먹다 → 食べて 먹고, 먹어서
3그룹 동사	불규칙하고 두 개뿐이므로 그냥 암기	する 하다 → して 하고, 해서 来る 오다 → 来て 오고, 와서

종류	활용법	예
1그룹 동사	어미 う·つ·る → った 어미 ぬ·ぶ·む → んだ 어미 く·ぐ → いた·いだ 어미 す → した	買う 사다 → 買った 샀다 飲む 마시다 → 飲んだ 마셨다 書く 쓰다 → 書いた 썼다 急ぐ 서두르다 → 急いだ 서둘렀다 話す 말하다 → 話した 말했다 예외 行く 가다 → 行った 갔다
2그룹 동사	어미 る를 떼고 + た	見る 보다 → 見た 봤다 食べる 먹다 → 食べた 먹었다
3그룹 동사	불규칙하고 두 개뿐이므로 그냥 암기	する 하다 → した 했다 来る 오다 → 来た 왔다

  ~해, ~해라

종류	활용법	예
1그룹 동사	어미 う단 → え단	言う 말하다 → 言え 말해 行く 가다 → 行け 가
2그룹 동사	어미 る → ろ	寝る 자다 → 寝ろ 자 食べる 먹다 → 食べろ 먹어
3그룹 동사	불규칙하고 두 개뿐이므로 그냥 암기	する 하다 → しろ 해 来る 오다 → 来い 와

동사 가능형 ~할 수 있다

종류	활용법	예
1그룹 동사	어미 う단 → え단 + る	乗る 타다 → 乗れる 탈 수 있다 話す 말하다 → 話せる 말할 수 있다
2그룹 동사	어미 る를 떼고 + られる	食べる 먹다 → 食べられる 먹을 수 있다 見る 보다 → 見られる 볼 수 있다
3그룹 동사	불규칙하고 두 개뿐이므로 그냥 암기	する 하다 → できる 할 수 있다 来る 오다 → 来られる 올 수 있다

동사 수동형 ~받다, ~되다, ~지다, ~당하다

종류	활용법	예
1그룹 동사	어미 う단 → あ단 + れる (어미가 う인 경우는 わ로 바꿈)	呼ぶ 부르다 → 呼ばれる 불리다 作る 만들다 → 作られる 만들어지다 言う 말하다 → 言われる 일컬어지다
2그룹 동사	어미 る를 떼고 + られる	食べる 먹다 → 食べられる 먹히다 見る 보다 → 見られる (남에게) 보이다, 보여지다
3그룹 동사	불규칙하고 두 개뿐이므로 그냥 암기	する 하다 → される 받다, 당하다 来る 오다 → 来られる (남이) 오다, 방문을 받다

(▶ 2그룹 동사의 경우, 가능형과 수동형의 형태가 동일하므로 문맥을 통해 구별해야 합니다.)

동사 청유형 · 의지형 ~하자, ~해야지, ~하겠다

종류	활용법	예
1그룹 동사	어미 う단 → お단 + う	会う 만나다 → 会おう 만나자, 만나야지 行く 가다 → 行こう 가자, 가야지 飲む 마시다 → 飲もう 마시자, 마셔야지
2그룹 동사	어미 る를 떼고 + よう	食べる 먹다 → 食べよう 먹자, 먹어야지 見る 보다 → 見よう 보자, 봐야지
3그룹 동사	불규칙하고 두 개뿐이므로 그냥 암기	する 하다 → しよう 하자, 해야지 来る 오다 → 来よう 오자, 와야지

가정형 「ば」 ~면 (조건)

종류		활용법	
명사	風邪 감기	긍정 ~なら(ば) 부정 ~じゃなければ	風邪なら(ば) 감기면 風邪じゃなければ 감기가 아니면
な 형용사	簡単だ 간단하다	긍정 어간 + なら(ば) 부정 어간 + じゃなければ	簡単なら(ば) 간단하면 簡単じゃなければ 간단하지 않으면
い 형용사	忙しい 바쁘다	긍정 어간 + ければ 부정 어간 + くなければ	忙しければ 바쁘면 忙しくなければ 바쁘지 않으면
1그룹 동사	行く 가다	긍정 어미 う단 → え단 + ば 부정 ない형 + なければ	行けば 가면 行かなければ 가지 않으면
2그룹 동사	食べる 먹다	긍정 어미 る를 떼고 + れば 부정 ない형 + なければ	食べれば 먹으면 食べなければ 먹지 않으면
3그룹 동사	する 하다 来る 오다	긍정 すれば / 来れば 부정 ない형 + なければ	すれば 하면 来れば 오면 しなければ 하지 않으면 来なければ 오지 않으면

착! 붙는
일본어
회화

초판인쇄	2026년 2월 12일
초판발행	2026년 2월 25일
저자	김여진
감수	무라야마 도시오
편집	조은형, 김성은, 오은정
펴낸이	엄태상
디자인	이건화
일러스트	eteecy(표지), 최예나(내지)
조판	김성은
콘텐츠 제작	김선웅, 이다빈, 장형진, 조현준, 윤여명
마케팅	이승욱, 노원준, 조성민, 이선민, 김동우
경영기획	조성근, 최성훈, 김로은, 최수진, 오희연
물류	정종진, 윤덕현, 신승진, 구윤주
펴낸곳	시사일본어사(시사북스)
주소	서울시 종로구 자하문로 300 시사빌딩
주문 및 교재 문의	1588-1582
팩스	0502-989-9592
홈페이지	www.sisabooks.com
이메일	book_japanese@sisadream.com
등록일자	1977년 12월 24일
등록번호	제 300-2014-92호

ISBN 978-89-402-9459-8 (13730)